企业经营实训

主 编 沈 幸 何颖丽 吴海明
副主编 杨 烨 朱佳莹 郑 凯
参 编 王颖霞 周 烨

西南交通大学出版社
·成 都·

图书在版编目（CIP）数据

企业经营实训 / 沈幸，何颖丽，吴海明主编. -- 成都：西南交通大学出版社，2024.5
ISBN 978-7-5643-9815-6

Ⅰ. ①企… Ⅱ. ①沈… ②何… ③吴… Ⅲ. ①企业经营管理 Ⅳ. ①F272.3

中国国家版本馆 CIP 数据核字（2024）第 089963 号

Qiye Jingying Shixun
企业经营实训

主　编 / 沈　幸　何颖丽　吴海明	责任编辑 / 梁志敏
	封面设计 / 墨创文化

西南交通大学出版社出版发行
（四川省成都市金牛区二环路北一段 111 号西南交通大学创新大厦 21 楼　610031）
营销部电话：028-87600564　　028-87600533
网址：http://www.xnjdcbs.com
印刷：四川森林印务有限责任公司

成品尺寸　　185 mm×260 mm
印张　　5.5　　字数　　133 千
版次　　2024 年 5 月第 1 版　　印次　　2024 年 5 月第 1 次

书号　　ISBN 978-7-5643-9815-6
定价　　33.00 元

课件咨询电话：028-81435775
图书如有印装质量问题　本社负责退换
版权所有　盗版必究　举报电话：028-87600562

前 言
PREFACE

本书根据财经商贸专业培养复合型人才所需，选择区域经济中优势产业的真实企业供应链及内部业务流程作为实训案例，对企业实际业务进行完全再现。通过具体任务使学生掌握主要行业的全业务流程，通过教师与学生之间的互动交流，帮助学生巩固企业运营的相关理论知识与实践内容，提升其企业经营管理体验，同时增强学生的创业意识，激发学生的创业热情。

书中任务案例基于网络平台与计算机软件，即通过网络实习平台对真实企业进行仿真模拟，并结合商业管理模型，将所有参加训练的学生分成若干小组，组建成若干虚拟公司，在同一市场环境下构建对该行业上、下游及企业内部业务、数据全流程实境。通过这种任务实训，让学生在虚拟商业社会中全面模拟真实企业的业务流程，掌握行业外围的商业环境（工商、银行、税务）业务操作、行业整体供应链（供应商、客户、物流）业务流程、企业内部全流程业务操作，将所学的企业管理知识转化为实际动手能力，进而提升学生参与企业管理、团队合作、沟通协调等方面的综合素质。

本书由杭州萧山技师学院沈幸、何颖丽、吴海明主编。教材编写分工如下：沈幸、王颖霞编写工作领域一；何颖丽、朱佳莹编写工作领域二；吴海明、杨烨编写工作领域三；郑凯、周烨编写工作领域四；沈幸负责总体规划及统稿。

编 者

2023 年 11 月

目 录
CONTENTS

工作领域一　企业成立 ……………………………………………………………… 1

　　任务 1　岗位分工 …………………………………………………………………… 2
　　　　1.1　会计岗位职责 ……………………………………………………………… 2
　　　　1.2　出纳岗位职责 ……………………………………………………………… 2
　　　　1.3　会计主管岗位职责 ………………………………………………………… 2
　　　　1.4　仓管岗位职责 ……………………………………………………………… 3
　　　　1.5　销售岗位职责 ……………………………………………………………… 3
　　　　1.6　采购岗位职责 ……………………………………………………………… 3
　　　　1.7　供应链岗位职责 …………………………………………………………… 4
　　任务 2　企业注册流程及平台操作 ………………………………………………… 5
　　　　2.1　企业自主申报 ……………………………………………………………… 6
　　　　2.2　内资公司设立 ……………………………………………………………… 7
　　任务 3　银行开户流程及平台操作 ………………………………………………… 12
　　任务 4　税务开户流程及平台操作 ………………………………………………… 14

工作领域二　企业基础信息维护 …………………………………………………… 19

　　任务 1　用户角色权限设置与维护 ………………………………………………… 20
　　　　1.1　注册系统管理 ……………………………………………………………… 20
　　　　1.2　设置操作员 ………………………………………………………………… 21
　　任务 2　企业组织架构及供应链设置与维护 ……………………………………… 22
　　　　2.1　企业组织架构设置 ………………………………………………………… 23
　　　　2.2　设置供应链信息 …………………………………………………………… 26
　　任务 3　企业商品及材料信息设置与维护 ………………………………………… 31
　　　　3.1　存货分类 …………………………………………………………………… 31
　　　　3.2　存货档案 …………………………………………………………………… 32

任务 4　企业固定资产信息设置与维护 ·· 33
　　　　4.1　固定资产参数设置 ·· 33
　　　　4.2　设置部门对应折旧科目 ··· 34
　　　　4.3　设置增减方式 ··· 35
　　　　4.4　输入固定资产原始卡片 ··· 36
　　任务 5　企业薪资信息设置与维护 ·· 38
　　　　5.1　设置人员档案 ··· 38
　　　　5.2　设置计算公式 ··· 40
　　任务 6　企业财务信息设置与维护 ·· 42
　　　　6.1　设置会计科目 ··· 42
　　　　6.2　设置凭证类别 ··· 42
　　任务 7　企业期初数据设置与维护 ·· 44
　　　　7.1　输入无辅助核算科目余额 ·· 44
　　　　7.2　输入有辅助核算科目期初余额 ·· 44
　　　　7.3　试算平衡 ··· 45

工作领域三　企业典型业务流程及业务处理 ·· 47
　　任务 1　财务日常业务处理 ··· 48
　　任务 2　典型采购流程及业务处理 ·· 49
　　　　2.1　采购订单处理 ··· 49
　　　　2.2　采购入库单处理 ·· 49
　　　　2.3　采购发票处理 ··· 53
　　　　2.4　付款单处理 ·· 56
　　任务 3　典型销售流程及业务处理 ·· 58
　　　　3.1　销售订单处理 ··· 58
　　　　3.2　销售发货单处理 ·· 58
　　　　3.3　销售出库单处理 ·· 59
　　　　3.4　销售发票处理 ··· 62
　　　　3.5　收款单处理 ·· 63
　　任务 4　典型生产流程及业务处理 ·· 66
　　　　4.1　在库存模块填制并审核产成品入库单 ··· 66
　　　　4.2　在核算模块进行产成品成本分配 ··· 66
　　　　4.3　在核算模块对产成品入库单记账 ··· 67
　　　　4.4　在核算模块对产成品入库单制单 ··· 67

任务 5　典型库存及存货流程及业务处理 ·· 68
　　　　5.1　在库存模块填制并复核材料出库单 ·· 68
　　　　5.2　在核算模块对材料出库单记账 ·· 68

工作领域四　企业月末业务处理 ·· 71
　　任务 1　财务部门月末业务处理 ·· 72
　　　　1.1　工资模块月末处理 ·· 72
　　　　1.2　固定资产模块月末处理 ·· 72
　　　　1.3　总账模块月末处理 ·· 73
　　任务 2　各业务部门月末业务处理 ·· 74
　　　　2.1　采购模块月末处理 ·· 74
　　　　2.2　销售模块月末处理 ·· 74
　　　　2.3　库存模块月末处理 ·· 74
　　　　2.4　核算模块月末处理 ·· 75
　　任务 3　各部门业务报表 ·· 77
　　　　3.1　调用模板编制资产负债表 ·· 77
　　　　3.2　调用模板编制利润表 ·· 78

工作领域一　企业成立

任务1　岗位分工

1.1　会计岗位职责

（1）认真审核出纳提供的各种原始凭证，审核无误后，编制记账凭证。
（2）根据记账凭证登记各种明细分类账。
（3）月末计提、摊销，结转记账凭证，对所有记账凭证进行汇总，编制记账凭证汇总表，根据记账凭证汇总表登记总账。
（4）结账、对账。做到账证相符、账账相符、账实相符。
（5）编制会计报表，做到数字准确、内容完整，并进行分析说明。
（6）将记账凭证装订成册，妥善保管。

1.2　出纳岗位职责

（1）负责公司现金、银行存款，及时合理地收、付现金，办理银行存款，及时准确地完成日记账登记。
（2）定期核查公司的现金（或备用金）、银行存款的实际数目，做到账实相符。
（3）负责各种票据的及时购买、登记、发放，存根回收、合理管理和使用。
（4）妥善保管财务印鉴、银行印鉴卡、银行对账单、银行存款余额调节表、货币资金汇总表等财务资料。
（5）及时取回有关费用单据和对账单。
（6）负责编制月、季、年度财务报表。
（7）负责调整每日各银行存款账户余额，保障银行托收款项或其他支付，及时支付款项，保证不开出空头支票。
（8）负责核定公司备用金余额并及时予以补充。
（9）负责参与财务制度中货币资金管理制度的制定。
（10）负责及时提供公司需要的财务信息。
（11）接受公司的检查、指导、监督和考核。
（12）完成公司交办的其他工作。

1.3　会计主管岗位职责

（1）负责公司的全面财务会计工作，负责制定并完成公司的财务会计制度、规定和办法。
（2）解释、解答与公司的财务会计有关的法规和制度。
（3）分析检查公司财务收支和预算的执行情况；审核公司的原始单据和办理日常的会计业务。
（4）编制公司的记账凭证，登记会计账簿。

（5）编制公司的会计报表，在每月 10 日前报送分管副总及总经理。
（6）编制、核算每月的工资、奖金发放表。
（7）定期检查销售公司库存现金和银行存款是否账实相符。
（8）不定期检查统计岗位的商品是否账实相符。
（9）按照印鉴分管制度，负责保管银行预留印鉴中的一枚财务章。
（10）承办总经理和财务总监交办的其他工作。

1.4　仓管岗位职责

（1）负责库存管理分类。
（2）负责拟制库存报表。
（3）负责外发加工物料进出核对。
（4）根据销售订单下达采购清单。
（5）严格执行材料入库和出库手续，做到有账可查，有据可寻。
（6）随时了解库存情况，及时上报有无库存、有无呆滞料等情况。
（7）当天的账应在当天做完，不要跨月做账。

1.5　销售岗位职责

（1）负责展厅销售业务接待，树立公司形象。
（2）负责为客户制订其购买家居产品的设计方案，核算出相应的报价，并负责签单后的后期工作。
（3）执行展厅各阶段销售目标，负责销售订单跟踪、客户信息收集和分类管理。
（4）为客户讲解展厅相关产品的风格、性能以及产品内涵价值。
（5）定期回访用户，保持与用户的联系，负责顾客投诉的处理及上报工作。
（6）负责各类销售报表的填写、整理。

1.6　采购岗位职责

（1）负责公司产品、设备的采购工作，办理交验、报表、对账等手续。调查和掌握生产所用物料的供货渠道。
（2）采购员必须严格遵守公司的各项规则与制度，负责产品的统计与库存管理。采购员有权利拒绝未经领导审批的订单。采购的物资、原料、设备应有申购清单并上报采购经理。
（3）采购员需要及时掌握所需要的采购信息，保持良好的内部沟通。建立供应商档案，与供应商保持联系，以防止紧急状况下找不到替代的供应商。了解原料市场行情，要求供应商报价。
（4）按照采购合同协调供应商的交货期。协助质量部门对进厂物料的数量与质量进行检查。协助控制部门对呆滞料与废料进行预防和处理。对供应商的供应价格、材料质量、交货期等作出评估，了解公司主要物料的市场价格走势，制作采购文件，采购所需的物料。

1.7 供应链岗位职责

（1）客户：主要负责与主体公司签订销售合同、销售发票等业务单据。
（2）供应商：主要负责与主体公司签订采购合同、采购发票等业务单据。
（3）银行：主要负责对接主体公司，填写回单并发送，负责支票等票据的购买。
（4）物流公司：主要负责与主体公司签订运输合同，送货，开具运输发票。

任务2　企业注册流程及平台操作

任务背景

2022年7月，自然人陈达拟与不同的合作方投资设立一家新的汽车装配公司，并委托财税咨询公司代为办理企业注册设立登记工作，公司安排王微微作为委托代理人兼工商联络员负责该项工作。（注：为反映企业实际业务流程，本书中的人名均为虚构，不指向任何具体的现实人物。）

新设立公司登记信息如表1-2-1所示。

表1-2-1　新设立汽车装配公司登记信息

行政区划	杭州市
字　号	某某汽配
行业类型（经营特点）	制造
组织形式	有限公司
教学编号	学生学号或手机尾号
姓名作为字号	否
住　所	浙江省杭州市萧山区兴园路***号 房屋性质：商业及其他非住宅 房屋权属：租赁使用权
经营场所	浙江省杭州市萧山区兴园路***号
法定代表人	许老板（兼任公司经理） 身份证号码：32011619780604**** 电话：1890514**** 座机：0571-5612**** 住所：江宁区香山花园*单元***室
是否成立董事会	不成立
执行董事	许老板 身份证号码：32011619780604**** 电话：1890514**** 产生方式：选举产生
是否成立监事会	不成立
监　事	杨少斌（职工监事） 身份证号码：32010219880709**** 产生方式：选举产生
经营范围	汽车配件制造，汽车销售，汽车车身及汽车零部件制造销售，汽车技术开发、咨询服务，发动机销售，代理各类商品及技术的进出口业务（国家限定企业经营或禁止进出口的商品及技术除外）

续表

经营方式	长期业务
注册资金	500万元
从业人数	19人
经营期限	无限期
纳税人身份	一般纳税人
邮政编码	314000
股 东	法人股东：常州市途远汽车集团 统一社会信用代码：91320400361100**** 股份占比：75% 出资方式：货币形式 出资期限：5年 自然人股东：陈达 身份证号码：32011519805121**** 股份占比：25% 出资方式：货币形式 出资期限：2年
财务负责人	唐金吉 身份证号码：33010619890507**** 电话：1377171**** 固定电话：025-8899****
代理人信息	办税员信息
工商联络员信息	办税员信息
开户银行填写信息	选长期有效，"有效期至"项不填写；"组织机构代码"填写税号9～17位；"法定代表人有效期至"根据企业章程填写；"地区代码"填写税号第3～8位；"证明文件编号"填写税号

2.1 企业自主申报

第一步：进入市场监督管理局，单击"新设立名称申报"，进入自主申报界面，并根据表1-2-1新设立"汽车装配公司"登记信息中提供的相关信息进行各项内容填写。

第二步：填写"申报事项"内容。填写完毕后，单击"下一步"，其中：

（1）"我要开办的（新设）是"：选择"企业"。

（2）"请选择具体企业类型"：选择"公司"。

（3）"是否为分支机构"：选择"否"。

（4）"其住所（经营场所）在"：依次选择"浙江省-杭州市萧山区"。

（5）"注册资本（万元）"：填写"500"。

第三步：填写"名称信息"内容，填写完毕后，单击"下一步"，其中：

（1）行政区划：选择"杭州市"。
（2）字号：填写"某某汽配"。
（3）行业：选择"制造"。
（4）组织形式：选择"有限公司"。
（5）是否为集团子公司：选择"否"。
（6）请选择其中一个作为您的企业名称：选择"杭州市某某汽配制造有限公司"。

第四步：以上信息选择或填写完毕后，单击"名称查重/下一步"按钮。

第五步：查看名称查重信息，若无重复名称，单击"继续申报"按钮。

第六步：在投资人栏单击右侧的"增加"按钮，在弹出的"新增投资人"界面中输入如下信息：

（1）姓名或名称：填写"常州市途远汽车集团"。
（2）投资人类型：选择"有限公司/其他"。
（3）国别（地区）：选择"中国"。
（4）证件类型：选择"营业执照"。
（5）证件号码：填写"91320400361100****"。
（6）出资比例（%）：填写"75"。

第七步：填写完毕并检查无误后，单击"保存"按钮，再用同样的方式新增一条投资人信息，按照表1-2-1中的登记信息内容填写投资人陈达的信息。

第八步：在指定代表或者共同委托代理人处填写王微微的相关信息，检查无误后单击"下一步"按钮。

> *提示：
> 指定代表或者共同委托代理人，即协助代办企业设立登记事项的工作人员。本案例的委托代理人为王微微。

第九步：仔细核对界面信息，确认无误后单击"提交"按钮。

> *提示：
> 若发现填写的信息有误，可单击"上一步"按钮跳转到相应信息填写界面进行修改。

第十步：完成新设名称申报，系统将自动生成《市场主体自主申报名称信用承诺书》（含名称查重清单）和《市场主体自主申报名称预留告知书》（含自主申报预选号）。

2.2 内资公司设立

新设名称申报成功后，用户可进行企业设立登记操作，即内资公司设立登记。进入内资公司设立登记界面有两种方式。

第一种方式：在新设名称申报完成界面的下方，单击"现在申请设立登记"按钮，进入内资设立登记界面，系统将自动关联填入"自主申报预选号"。

第二种方式：选择"内资公司设立"菜单，在"首页"中找到该企业的申报记录，并下载该公司生成的《市场主体自主申报名称预留告知书》，获得自主预选申报号，即可进行公司设立登记。下载材料文件如图 1-2-1 所示。

序号	材料名称	操作
1	《市场主体自主申报名称预留告知书》	下载
2	《市场主体自主申报名称信用承诺书》(含名称查重清单)	下载

图 1-2-1　申报资料

以第二种方式进入内资公司设立登记界面的方式为例。

第一步：单击"内资公司设立"功能菜单，进入公司设立登记操作界面。

第二步：在"请输入自主申报预选号"中输入新设名称申报成功后获取的《市场主体自主申报名称预留告知书》中的"自主申报预选号"，系统将自动关联出该自主申报预选号下的相关信息，确认无误后，单击"下一步"按钮。

第三步：填写住所/生产经营地内容，填写完毕并检查无误后，单击"下一步"其中：

（1）企业地址：选择并输入"浙江省杭州市萧山区兴园路118号"。

（2）房屋性质：选择"商业及其他非住宅"。

（3）房屋权属：选择"租赁使用权"。

（4）生产经营地：选择并输入"浙江省杭州市萧山区兴园路118号"。

（5）营业期限：选择"长期"。

经营范围：填写"汽车配件制造，汽车销售，汽车车身及汽车零部件制造销售，汽车技术开发、咨询服务，发动机销售，代理各类商品及技术的进出口业务（国家限定企业经营或禁止进出口的商品及技术除外）"。

第四步：填写股东信息，检查并确认无误后，生成股东信息如图 1-2-2 所示。其中：

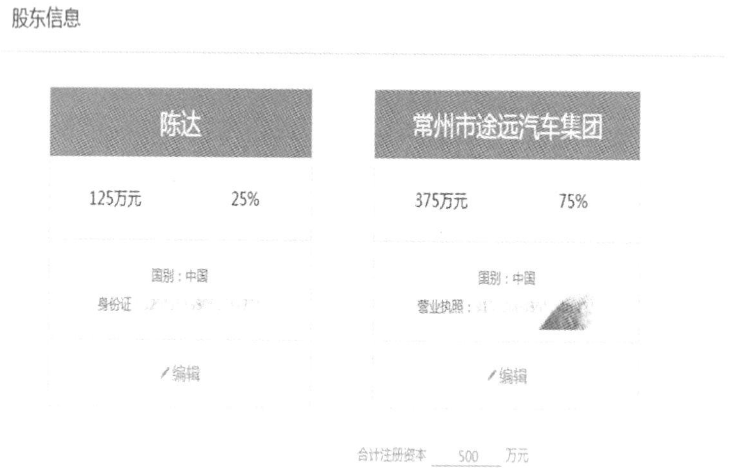

图 1-2-2　股东信息

（1）股东一：巨力汽车集团。
（2）是否国有企业：选择"否"。
（3）出资期限：选择"10年"。
（4）出资额（万元）：填写"12000"。
（5）出资方式：选择"货币"。
（6）检查无误后，单击"保存"按钮，并以同样的操作方式编辑"股东二：张喜乐"的股东信息。
（7）利润分配规则：按认缴出资比例。
（8）股东会表决方式：按认缴出资比例，填写完毕后，单击"下一步"按钮。

第五步：根据表1-2-1中登记信息中内容，填写公司董事、监事及其他相关人员信息，包括：

（1）填写"执行董事信息"。
- 董事会设立选项：选择"公司不设立董事会，只设执行董事一名"；
- 执行董事姓名：填写"许老板"；
- 执行董事证件类型：选择"身份证"；
- 执行董事证件号码：填写"32011619780604****"；
- 执行董事国别（地区）：选择"中国"；
- 执行董事产生方式：选择"选举"。

（2）填写经理信息。
- 是否设置公司经理职务：选择"是"；
- 经理姓名：填写"许老板"；
- 证件类型：选择"身份证"；
- 证件号码：填写"3201161978060****"；
- 国别（地区）：选择"中国"；
- 产生方式：默认为"聘用"，且不可修改；
- 填写法定代表人信息；
- 何职务出任法定代表人：选择"经理"；

*提示：
表示该公司法定代表人兼任公司经理。

- 法定代表人移动电话：填写"1890514****"；
- 法定代表人固定电话：填写"0571-5612****"；
- 法定代表人住所：填写"江宁区香山花园*单元***室"。

（3）填写监事信息。
- 贵公司是否成立监事会：选择"否"；
- 监事信息根据表1-2-1新设立"汽车装配公司"登记信息添加监事"杨*斌"的相关信息后，单击"保存"按钮；
- 全部信息填写完成后，单击"下一步"按钮。

（4）填写其他人员信息。
- ◇ 委托代理人信息及工商联络员信息：均填写王微微的相关信息；
- ◇ 财务负责人信息及其他信息：根据表 1-2-1 中登记信息内容进行填写；
- ◇ 申请执照：勾选"申领纸质证照"；
- ◇ 副本：填写"1"个；
- ◇ 检查无误后，单击"提交审核"按钮。

第六步：提交审核成功后，系统自动返回首页。在首页业务列表中，该项业务的"办理状态"为"审核中"，表示此时企业设立登记进入预审阶段，如图 1-2-3 所示。

序号	事项名称	申报主体	申请时间	办理状态
1	内资公司设立	杭州市某某汽配制造有限公司	2022-06-05	审核中

图 1-2-3　内资公司设立审核中

若信息无误通过审核后，在首页业务列表中该条记录的"办理状态"显示为"预审通过"，如图 1-2-4 所示。

序号	事项名称	申报主体	申请时间	办理状态	操作
1	内资公司设立	杭州市某某汽配制造有限公司	2022-06-05	预审通过	上传资料　终止

图 1-2-4　预审通过

第七步：预审通过后，单击操作栏中的"上传资料"按钮。查看需要上传资料的列表，根据要求填写需要上传的资料文件并签名后，分别通过"单击上传"按钮完成上传操作，如图 1-2-5 所示。上传完毕，单击"提交"即可。

上传资料

*1、法人身份证原件正反面　　　　　　　　　　　　　　　　　　　点击上传
*2、股东身份证原件正反面　　　　　　　　　　　　　　　　　　　点击上传
*3、财务人员身份证原件正反面　　　　　　　　　　　　　　　　　点击上传
*4、经办人员身份证原件正反面　　　　　　　　　　　　　　　　　点击上传
*5、产权证明　　　　　　　　　　　　　　　　　　　　查看范例　点击上传
*6、《市场主体自主申报名称信用承诺书》（含名称查重清单）（须签字）　　点击上传
*7、公司章程（须签字）　　　　　　　　　　　　　　　下载范例　点击上传
8、房屋租赁合同（须签字）　　　　　　　　　　　　　下载范例　点击上传
*9、住所(经营场所)承诺书（须签字）　　　　　　　　　下载范例　点击上传
10、《市场主体住所登记信用承诺书》（房屋性质为城镇住宅、农村住宅须上传）（须签字）　下载范例　点击上传

取消　　　提交

图 1-2-5　上传资料

资料提交后，即进入审核阶段，办理状态显示为"审核中"。通过审核的，在首页业务列表中该条记录的"办理状态"显示为"申请成功、材料已生成"，同时在对应的"操作"中获得《准予设立/开业登记通知书》，即完成内资公司设立工作。

> *提示：
> （1）上传资料列表中，带有"*"的文件为必须上传的资料。
> （2）若未通过审核，则在首页中该条记录的"办理状态"显示"登记驳回通知书"，查看驳回原因，按要求修改后重新提交审核。

申请成功后，王微微将取得"杭州某某汽配制造有限公司"电子版营业执照，如图 1-2-6 所示。

图 1-2-6 杭州市某某汽配制造有限公司营业执照正本

以取得"杭州市某某汽配制造有限公司"的营业执照为例，营业执照的获取步骤如下：

（1）打开市场监督管理局首页，选择"内资公司设立"，并单击"杭州市某某汽配制造有限公司"对应的"下载营业执照"按钮。

（2）单击"营业执照正本""营业执照副本"对应的"下载"按钮可分别将营业执照的正本及副本下载至本地计算机，再将其打印出来即可，如图 1-2-7 所示。

序号	材料名称	操作
1	营业执照正本	下载
2	营业执照副本	下载

图 1-2-7 下载营业执照正、副本

任务 3 银行开户流程及平台操作

任务背景

王微微为杭州市某某汽配制造有限公司开立银行基本存款账户。企业银行开户信息如表 1-3-1 所示。

表 1-3-1 企业银行开户信息

企业名称	开户行
杭州市某某汽配制造有限公司	中国工商银行萧山支行

以"杭州市某某汽配制造有限公司"申请银行开户为例。
第一步：进入银行官网，单击企业"开户"，选择"企业银行开户列表"功能。
第二步：输入账号登录后，单击"新增"按钮。
第三步：填写开户基本信息，检查无误后，单击"保存"按钮，如图 1-3-1 所示。

图 1-3-1 填写开户基本信息

其中：

（1）存款人名称：选择"杭州市某某汽配制造有限公司"。

（2）证件类型：选择"营业执照"。

（3）证件号码：输入该公司统一社会信用代码"91330109713246****"。

（4）组织机构代码：输入该公司统一社会信用代码的第9~17位。

（5）地区代码：输入该公司统一社会信用代码的第3~8位。

（6）法定代表人有效日期至：选择"长期"。

（7）账户性质：选择"基本"。

其他栏目信息根据表1-2-1中登记信息内容填写。

第四步：银行核实企业开户意愿后，告知企业需要提交的资料，包括：营业执照正本原件、公章、财务章、法人章、法人身份证原件、经办人身份证原件、公司章程、公司经营地址租赁合同等，用户将所需资料进行上传。

第五步：银行审核企业资料，并确认通过后，企业将获得所开设的基本结算账户的账号、账户名称、开户许可证核准号、开户日期等信息。

任务4　税务开户流程及平台操作

任务背景

杭州市某某汽配汽车装饰有限公司登记采集信息如表 1-4-1 所示。

表 1-4-1　杭州市某某汽配汽车装饰有限公司登记采集信息

1. 单位纳税人税务登记			
注册登记类型		其他有限责任公司	
注册地联系电话*	0571-8899****	注册地邮编*	314000
生产经营地联系电话*	0571-8899****	生产经营地邮编*	314000
国标行业（主）*		制造业-汽车制造业-汽车零部件及配件制造	
国标行业（附）		无	
证照名称*	营业执照	证件号码*	（系统生成号码）
单位性质*	有限责任公司	隶属关系	区
适用会计制度*	企业会计准则	总分机构类型*	非总分机构
纳税人所处街乡*	宁围街道	核算方式*	独立核算
经办人*	学生信息	负责人*	法人
2. 相关人员信息			
法定代表人电子邮件			X**@163.com
财务负责人电子邮件			G**@163.com
办税人员信息	办税人名称*	身份证件种类*	身份证件号码*	固定电话	移动电话*	电子邮件

（办税人员信息行内容：学生信息）

3. 注册资本投资总额信息			
国有控股类型*	其他	自然人投资比例（%）*	100
外资投资比例（%）*	0	国有投资比例（%）*	0
注册资本（元）*	5000000		
投资总额（元）*	5000000		
投资方信息			
投资方名称*		地址*	
常州市途远汽车集团		江苏省南京市江宁区车辆技术工业园**号	
陈达		江苏省南京市江宁区乾元花园***号	
4. 总分机构信息（无）			
5. 银行账户和财务制度备案			

（注：办税人员信息表中列标题为：办税人名称*、身份证件种类*、身份证件号码*、固定电话、移动电话*、电子邮件，内容为"学生信息"）

续表

财务、会计制度名称*	小企业会计准则	低值易耗品摊销方法名称*	五五摊销
折旧方法（大类）名称*	直线折旧法	折旧方法（小类）名称*	平均年限法
成本核算方法名称*	全月一次平均法	会计核算软件名称	畅捷通T3
会计核算软件启用时间	此处选择日期	会计核算软件数据库类型	Postgre SQL
财务会计制度备案-会计报表情况			
会计报表名称*	会计报表类型*	报送属期*	报送期限*
资产负债表	月报表	月报	15日
利润表	月报表	月报	15日
资产负债表	年报表	年报	5个月
利润表	年报表	年报	5个月
纳税人存款账户账号报告表			
账户性质*	银行行别*	开户银行	账户名称*	账号*
基本存款账户	中国建设银行	中国建设银行实训支行	营业执照公司名称	（开设银行账户时生成的号码）

（注：以上一行实际列数为5列）

账户性质*	银行行别*	开户银行	账户名称*	账号*
基本存款账户	中国建设银行	中国建设银行实训支行	营业执照公司名称	（开设银行账户时生成的号码）

6. 增值税纳税人类型确认			
主营业务类别*	工业	生效日期	本月1号起
拟选择的增值税纳税人类型*	增值税一般纳税人		
7. 发票供票资格及最高开票限额申请			
增值税普通发票最高开票限额	百万元		
增值税专用发票最高开票限额	百万元		
增值税电子普通发票最高开票限额	百万元		
票种核定	发票种类	申请联次	份数
	增值税普通发票	二联	15
	增值税专用发票	三联	15
	增值税电子普通发票		15
购票人员姓名*	学生信息	联系电话*	学生信息	身份证件类型	学生信息	身份证件号码*	学生信息

注：栏目右上角带"*"号的字段为必填项。

以采集"杭州市某某汽配制造有限公司"税务设立登记信息为例，税务设立登记信息操作步骤如下。

第一步：进入电子税务局，单击登录界面右上角"登录"按钮，在"用户名"编辑栏输入"杭州市某某汽配制造有限公司"的统一社会信用代码（913301097132466491），以及密码（123456）后，单击"登录"按钮。

第二步：在左侧套餐业务中单击"新办企业综合套餐申请"，进入新办企业综合套餐申请流程，查看新办企业综合套餐申请流程指引，并单击"立即办理"按钮。

第三步：认真核对由市场监督管理部门共享的企业登记信息，并补充填写单位纳税人税务登记要求的其他信息。完成并检查无误后，单击"保存"按钮，再单击"下一步"按钮，如图1-4-1所示。

证照名称*	营业执照	证照号码*	91330109713246491
单位性质*	有限责任公司	隶属关系*	区
适用会计制度*	101｜企业会计准则	总分机构类型*	非总分机构
纳税人所处街乡*	宁围街道	核算方式*	独立核算
经办人*	王微微	负责人*	许老板

注：栏目右上角带"*"号的字段为必填项。

图1-4-1　单位纳税人税务登记信息

第四步：认真核对由市场监督管理部门共享的"法定代表人信息"和"财务负责人信息"等信息，并根据表1-4-1中内容填写"办税人信息"。完成并检查无误后，单击"保存"按钮，再单击"下一步"按钮。

第五步：认真核对由市场监督管理部门共享的"注册资本"等信息，并根据表1-4-1中内容填写投资总额、投资方地址等信息，填写完毕后单击"保存"按钮，再单击"下一步"按钮。

第六步：本步骤是否填写"总分机构信息"，应根据第三步登记单位纳税人税务信息时，"总分机构类型"的选择进行判断。由于本业务的总分机构类型选择了"非总分机构"，因此直接单击"下一步"按钮。

第七步：根据表1-4-1中内容填写银行账户和财务制度备案，填写完毕并检查无误后，单击"保存"按钮，再单击"下一"按钮。

第八步：进行"增值税纳税人类型确认"。根据表1-4-1中内容，选择"一般纳税人"，单击"保存"按钮，再单击"下一步"按钮。

第九步：根据表1-4-1中内容，选择并填写增值税专用发票和增值税普通发票的最高开票限额、票种核定，以及办税人员等信息后，单击"保存"按钮，再单击"下一步"按钮，如图1-4-2所示。

纳税人名称	杭州市某某汽配物流有限公司	统一社会信用编码		913301097132466491	
	确认选择	发票种类	申请联次	份数	最高开票限额
票种核定	☑	增值税普通发票	二联	15份	百万元
	☑	增值税专用发票	三联	15份	百万元
	☐	增值税（成品油）普通发票	无	0份	一万元
	☐	增值税（成品油）专用发票	无	0份	一万元
	☐	机动车销售统一发票	无	0份	一万元
	☑	增值税电子普通发票	-	15份	百万元
购票人员姓名*	王微微	联系电话*	15397122481	身份证件类型*	居民身份证	身份证件号码*	511527199712122938

图1-4-2　发票供票资格及最高开票限额申请

第十步：单击"在线申请税控开票设备"，申请税控开票设备（即金税盘）。并在弹出的提示中单击"在线购买"，依据提示进行购买支付即可。

> *提示
> 税控开票设备并非必须在线上申请。实际工作中，用户也可选择线下向税务机关申请购买。

第十一步：办理结束后，进入系统"互动中心"，单击"我的消息"中的"提示提醒"按钮，即可查看"新办企业综合套餐申请"办理结果。

工作领域二 企业基础信息维护

任务 1　用户角色权限设置与维护

任务背景

某公司角色权限如表 2-1-1 所示。

表 2-1-1　角色权限

编号	姓名	权限
201	杨*斌	账套主管
202	唐*吉	总账、报表、工资管理、固定资产
203	李*雅	现金管理、出纳签字
204	任*丽	采购管理、销售管理、库存管理、核算管理

1.1　注册系统管理

（1）双击图标，进入"系统管理"窗口。

（2）执行"系统—注册"命令，打开"注册【控制台】"对话框。

（3）输入用户名为"admin"，系统默认管理员密码为空，如图 2-1-1 所示。

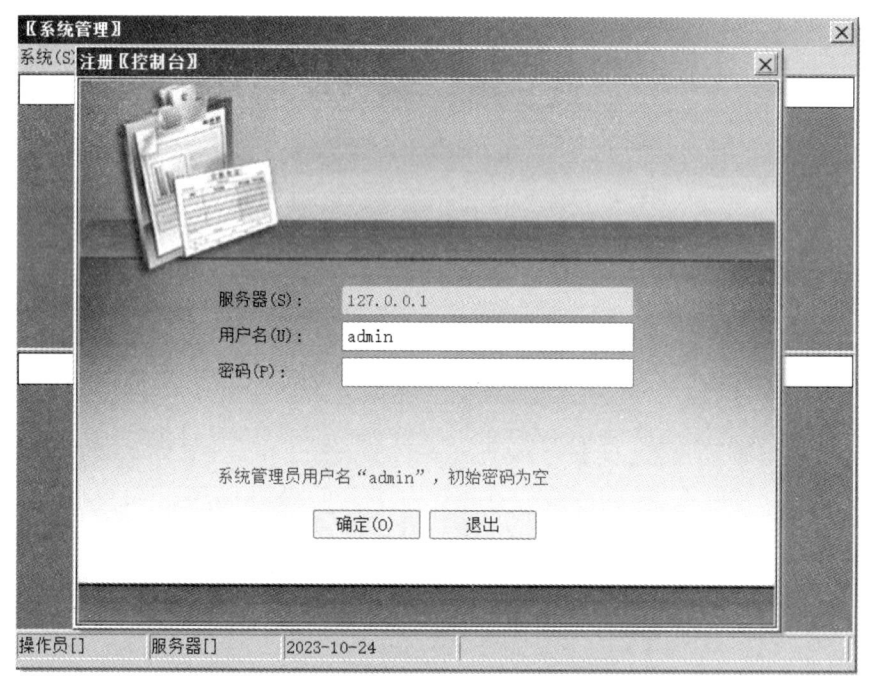

图 2-1-1　注册【控制台】对话框

（4）单击"确定"按钮。

1.2 设置操作员

（1）在"系统管理"窗口，执行"权限—权限"命令，进入"操作员权限"窗口。

（2）设置账套主管权限。选择账套为"203"，年度为"2022年"，选择操作员为"杨*斌"，单击"账套主管"选项，单击"确定"按钮。

（3）设置出纳操作权限。选择账套为"203"，年度为"2022年"，选择操作员为"李*雅"，单击工具栏中的"增加"按钮，打开"增加权限"对话框，双击选择"总账—出纳签字""现金管理"权限，如图2-1-2所示。

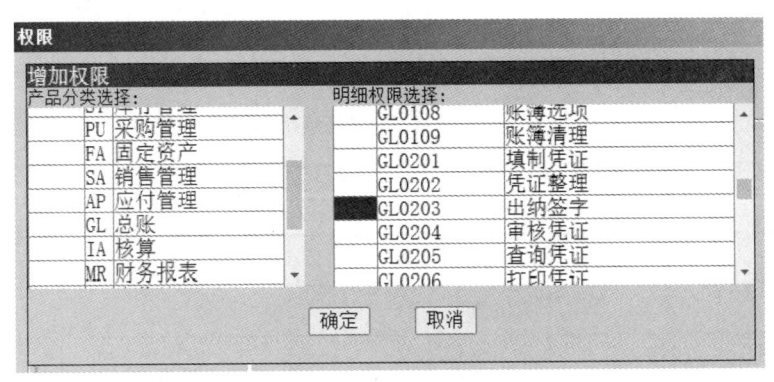

图 2-1-2　设置操作员的权限

（4）单击"确定"按钮。

（5）同理，根据表2-2-1内容设置其他操作员的操作权限。

任务2 企业组织架构及供应链设置与维护

任务背景

某公司组织架构、人力资源部员工信息以及公司地区分类如表 2-2-1 ~ 表 2-2-3 所示。

表 2-2-1 公司组织架构

部门编码	部门名称	部门编码	部门名称
01	经理室	04	业务部
02	财务部	05	仓管部
03	采购部	06	生产部

表 2-2-2 人力资源部员工信息

员工编码	员工名称	人员类别	是否是从业人员	所属部门
001	葛*孟	管理人员	是	经理室
002	葛*海	管理人员	是	经理室
003	陈*革	管理人员	是	经理室
004	李*雅	管理人员	是	财务部
BT00001	杨*斌	经理人员	是	经理室
BZ0002	刘*水	经理人员	是	采购部
BZ0003	李*君	管理人员	是	采购部
BZ0006	唐*吉	管理人员	是	财务部
BZ0007	周*璋	经理人员	是	业务部
BZ0020	陈*隆	管理人员	是	采购部
BZ0031	闫*心	业务人员	是	业务部
BZ0060	陈*	业务人员	是	业务部
BZ0068	任*丽	管理人员	是	财务部
BZ0115	金*	业务人员	是	业务部
BZ0125	周*清	经理人员	是	仓管部
BZ0133	周*鸣	管理人员	是	仓管部
BZ0134	陈*媖	业务人员	是	业务部
BZ0141	鲁*娇	经理人员	是	生产部
BZ0148	单*回	生产工人	是	生产部

表 2-2-3 公司地区分类

编码	地区
01	温州
02	台州
03	绍兴
04	省外

2.1 企业组织架构设置

企业组织架构设置步骤如下：

（1）双击图标，打开"注册【控制台】"对话框。

（2）输入或选择数据。输入用户名"201"，密码"空"，账套"［203］杭州萧山某某汽配轴承厂"，会计年度"2022"，日期"2022-06-11"，如图 2-2-1 所示。

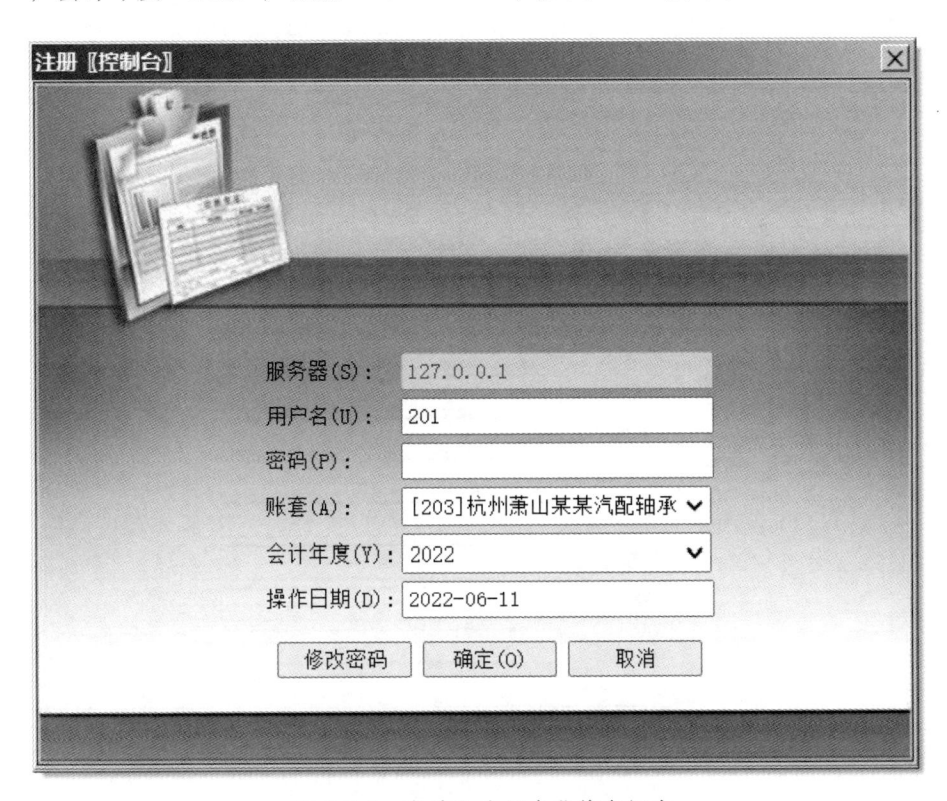

图 2-2-1 启动和注册企业信息门户

（3）单击"确定"按钮，进入 T3 软件主界面，如图 2-2-2 所示。

（4）执行"基础设置—机构设置—部门档案"命令，打开"部门档案"窗口。

(5)在"部门档案"窗口中,单击"增加"按钮。

(6)输入部门信息(设置部门档案)。输入部门编码"01",部门名称"行政部",部门属性"行政管理",如图 2-2-3 所示。

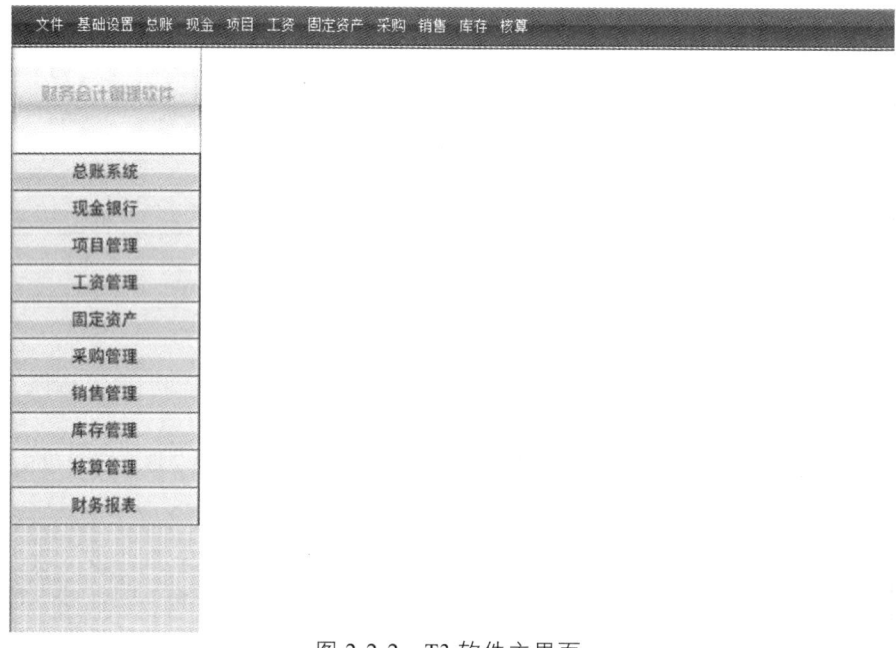

图 2-2-2　T3 软件主界面

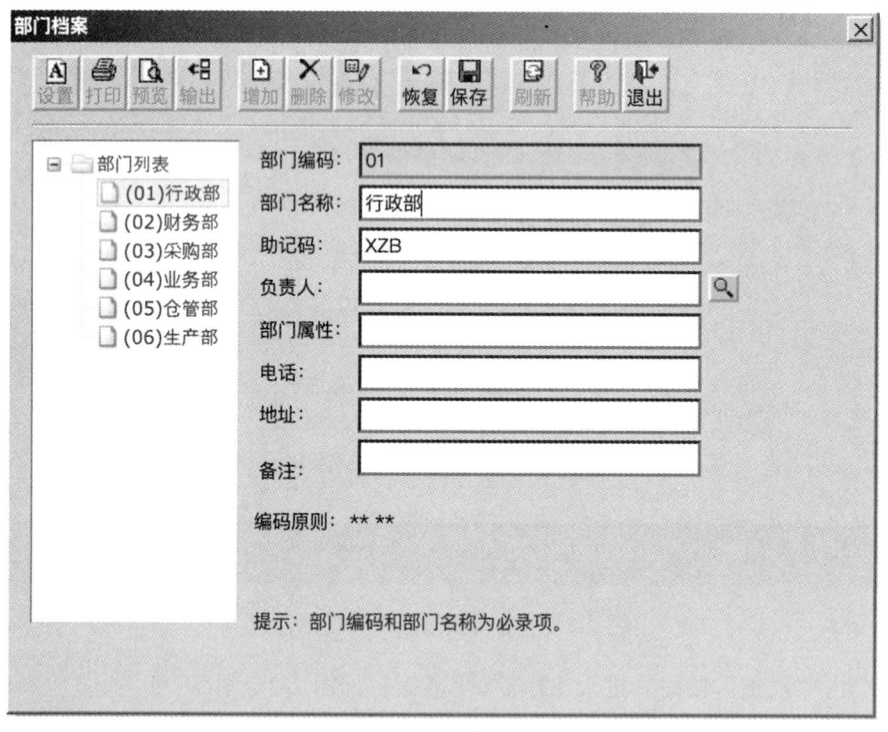

图 2-2-3　设置部门档案

（7）单击"保存"按钮。

（8）同理，根据表2-2-2的内容增加其他部门档案信息。

（9）执行"基础设置—机构设置—职员档案"命令，打开"职员档案"窗口。

（10）在"职员档案"窗口中单击"增加"按钮。

（11）输入并选择职员信息。输入职员编号"001"，职员名称"葛*孟"，所属部门"经理室"，职员属性"管理人员"，如图2-2-4所示。

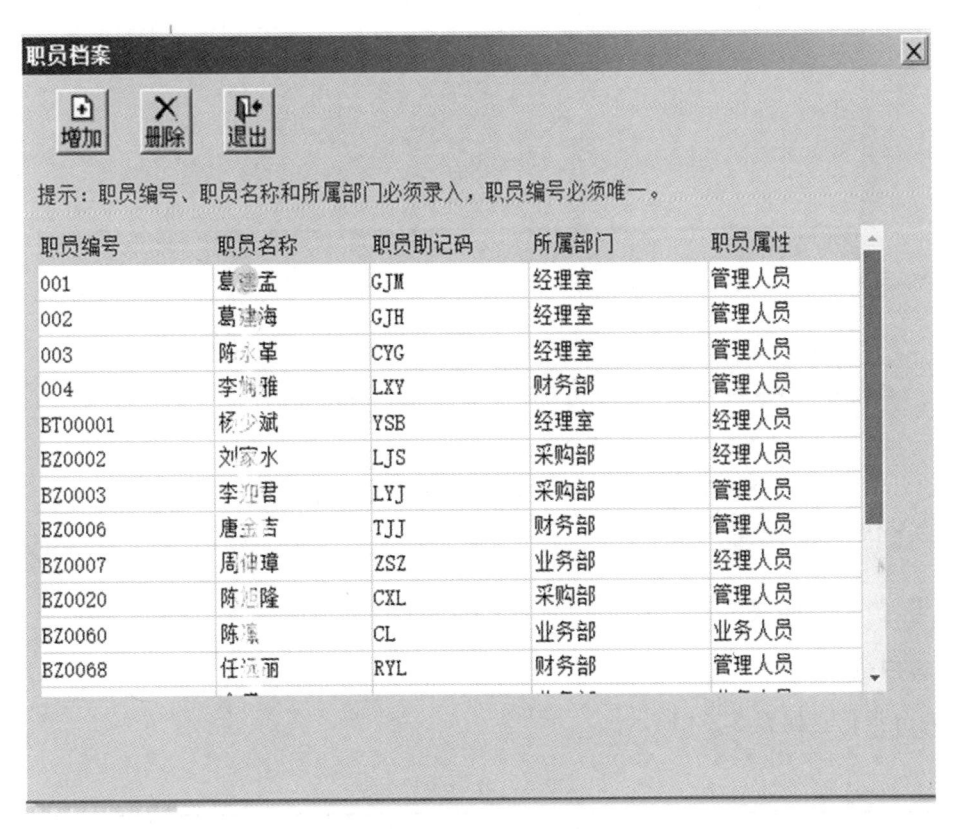

图2-2-4 设置职员档案

（12）单击"增加"按钮，根据表2-2-2内容继续输入其他职员档案信息。设置完毕，单击"退出"按钮。

（13）执行"基础设置—往来单位—地区分类"命令，打开"地区分类"窗口。

（14）在"地区分类"窗口中单击"增加"按钮。

（15）输入并选择地区信息。输入类别编码"01"，类别名称"温州"，如图2-2-5所示。

（16）单击"增加"按钮，根据表2-2-3内容继续输入其他地区档案信息。

（17）设置完毕，单击"退出"按钮。

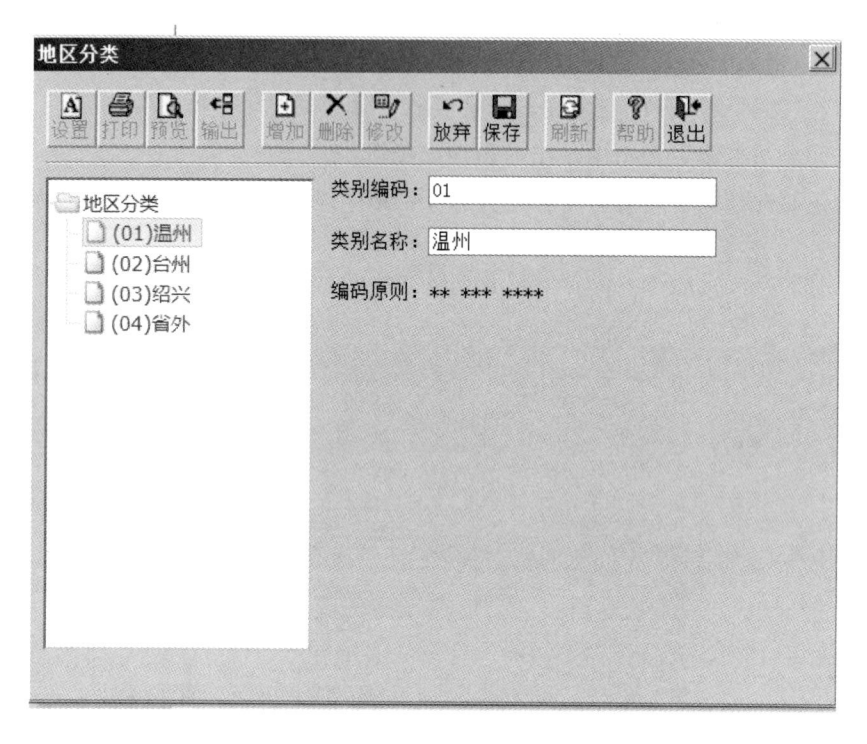

图 2-2-5 设置地区分类

2.2 设置供应链信息

2.2.1 建立客户档案

1. 客户分类

客户分类信息如表 2-2-4 所示。

表 2-2-4 公司客户分类

编码	客户分类
01	省内
02	省外

（1）执行"基础设置—往来单位—客户分类"命令，打开"客户分类"窗口。
（2）在"客户分类"窗口中，单击"增加"按钮。
（3）输入数据。输入类别编码"01"，类别名称"省内"，如图 2-2-6 所示。
（4）单击"保存"按钮。
（5）按以上方法增加其他客户分类信息。

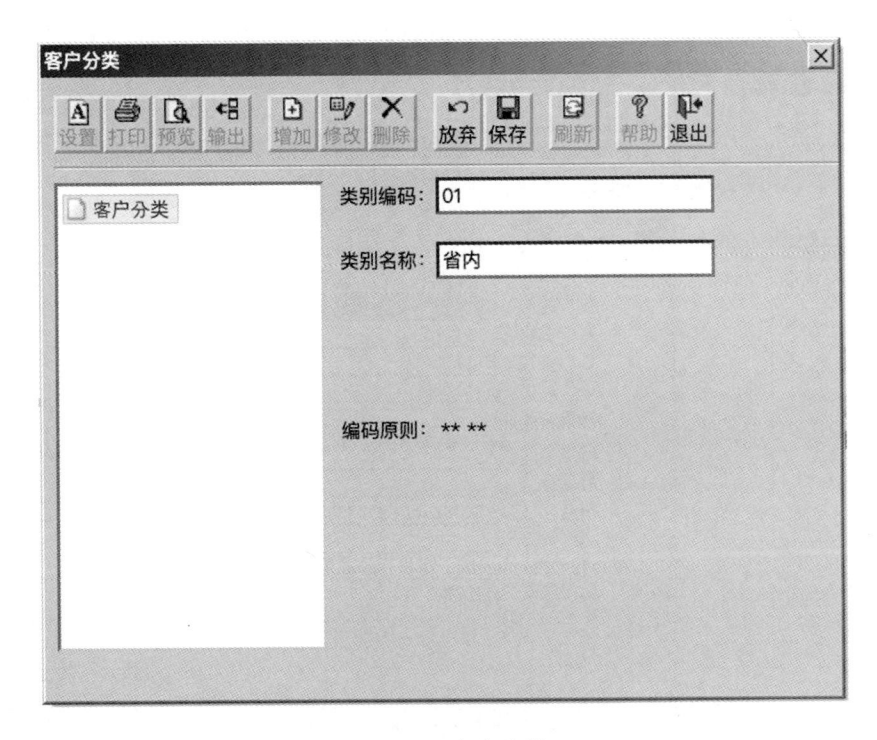

图 2-2-6　设置客户分类

2. 客户档案

客户档案信息如表 2-2-5 所示。

表 2-2-5　公司客户档案

编号	名称	简称	所属分类	地址及电话	统一社会信用代码	开户银行	账号
C01001	BT11052	BT11052	01	乐清市乐成镇万岙 G104 国道，0577-8603****	92330106DA2CYN****	中国工商银行乐成镇支行	62173412110005****
C01002	BT11053	BT11053	01	台州市椒江区椒黄路辅路南 200 米 0576-6590****	91330509MA89YL****	中国建设银行台州支行	621089138119015****
C01003	BT11054	BT11054	02	上海市松江区闵塔路 1688 号 021-5614****	2133010535MY46****	中国建设银行上海闵塔路支行	622583017896****

（1）执行"基础设置—往来单位—客户档案"命令，打开"客户档案"窗口。

（2）在"客户档案"窗口中，选中"01 长期客户"，单击"增加"按钮，打开"客户案卡片"对话框。

（3）输入客户档案信息。输入客户编号："C01001"，客户名称"BT11052"，客户简称"BT11052"，所属分类码"01"，税号"92330106DA2CYN****"，开户银行"中国工商银行乐成支行"，银行账号"6217341121100053****"，如图 2-2-7 所示。

图 2-2-7 设置客户档案

（4）单击"保存"按钮。

（5）按以上方法，根据表 2-2-5 内容增加其他客户档案信息。

2.2.2 建立供应商档案

1. 供应商分类

客户分类信息如表 2-2-6 所示。

表 2-2-6 供应商分类

供应商分类编码	供应商分类
01	绍兴
02	台州

（1）执行"基础设置—往来单位—供应商分类"命令，打开"供应商分类"窗口。

（2）在"供应商分类"窗口中，单击"增加"按钮。

（3）输入供应商分类信息。输入类别编码"01"，类别名称"绍兴"，如图 2-2-8 所示。

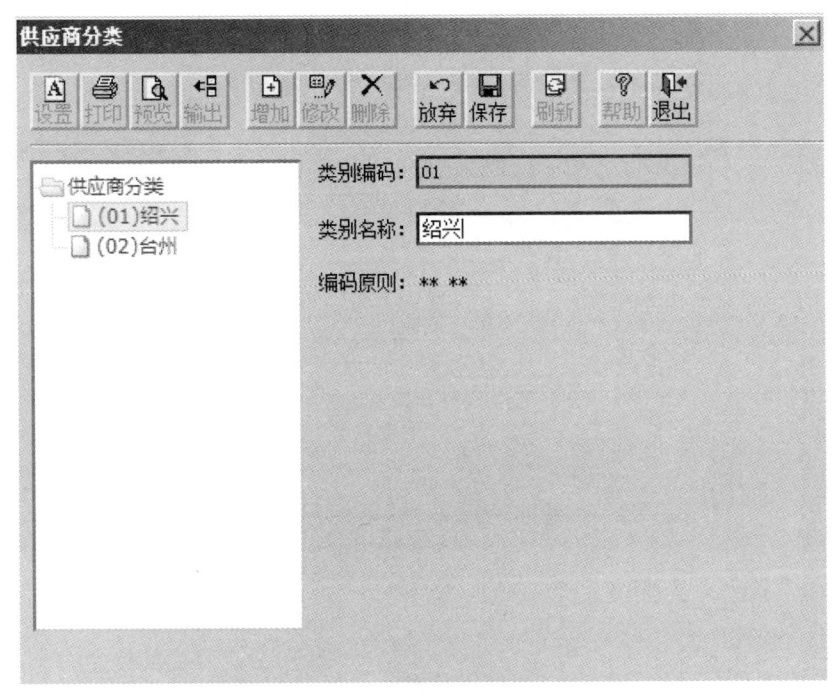

图 2-2-8 设置供应商分类

（4）单击"保存"按钮。
（5）按以上方法，增加其他供应商分类信息。

2．供应商档案

客户档案信息如表 2-2-7 所示。

表 2-2-7 供应商档案

供应商编号	供应商名称	供应商简称	所属分类	所属地区	税号	地址电话	开户银行	账号
S03001	诸暨汽车配件	诸暨汽配厂	01	03	31550103MA2ME1****	绍兴市诸暨市城东路190号	中国工商银行诸暨支行	68970220292 4936****1
S060012	绍兴县铸造有限公司	绍兴铸造厂	01	03	31550709C62QY3****	绍兴市柯桥区湖塘街道湖安路798号	中国银行柯桥支行	62516005979 3452****
S02001	玉环汽车配件有限公司	玉环汽配厂	02	02	614101043985MW****	台州市玉环市大宅路1096号	中国建设银行玉环支行	52146002369 3452****

（1）执行"基础设置—往来单位—供应商档案"命令，打开"供应商档案"窗口。
（2）在"供应商档案"窗口中，选择"01 绍兴"，单击"增加"按钮，打开"供应商档案卡片"对话框。
（3）输入供应商档案信息。输入供应商编号"S03001"，供应商名称"诸暨汽车配件"，供应商简称"诸暨汽配厂"，所属分类码"01"，税号"31550103MA2ME1****"，开户银行"中国工商银行诸暨支行"，银行账号"689702202924936****"，如图 2-2-9 所示。

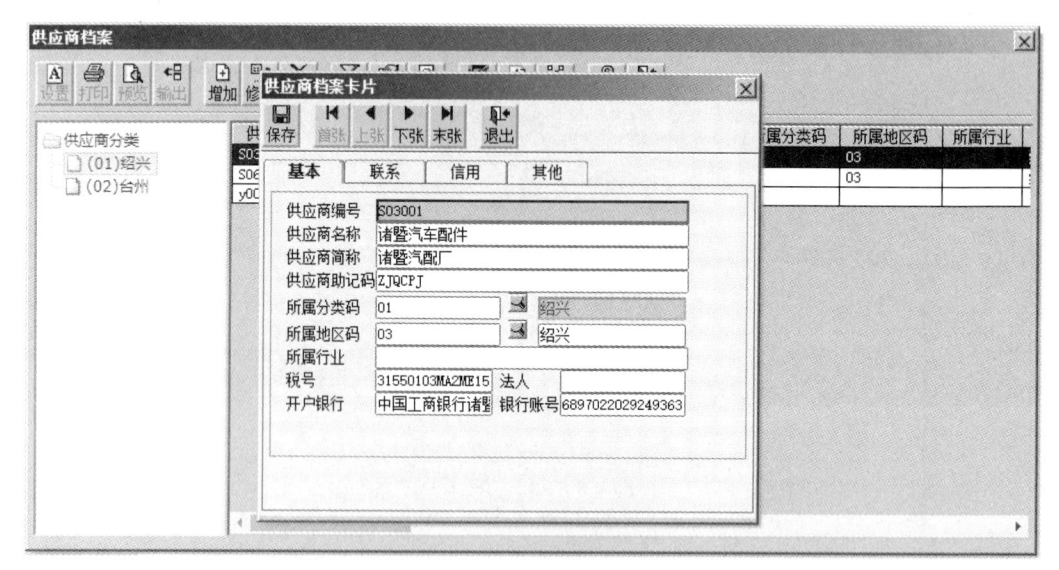

图 2-2-9　供应商档案卡片

（4）单击"保存"按钮。
（5）按以上方法，增加其他供应商档案信息。

任务 3 企业商品及材料信息设置与维护

3.1 存货分类

存货分类信息如表 2-3-1 所示。

表 2-3-1 存货分类

分类编码	分类名称
1	原材料
2	半成品
3	产成品
4	其他
101	活塞
102	冲压件
103	缸体

（1）执行"基础设置—存货—存货分类"命令，打开"存货分类"窗口。
（2）在"存货分类"窗口中，单击"增加"按钮。
（3）输入类别编码"101"，类别名称"活塞"，如图 2-3-1 所示。

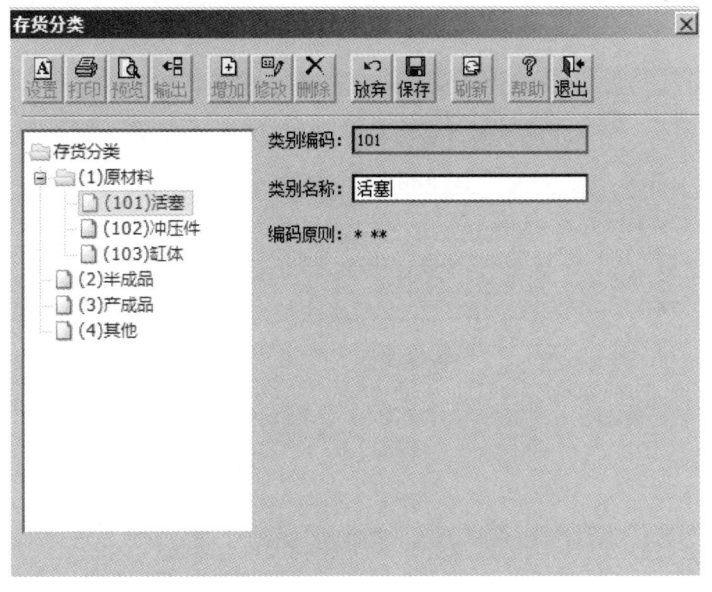

图 2-3-1 存货分类

（4）单击"保存"按钮。
（5）按以上方法，增加其他存货分类信息。

3.2 存货档案

存货信息如表 2-3-2 所示。

表 2-3-2 存货信息

分类编码	所属类别	存货编码	存货名称	计量单位	税率	规格	存货属性
101	原材料	04001001	第一活塞	只	13%	BTA001-3505002-01	外购、生产耗用
	原材料	04001008	第二活塞	只	13%	BTA005-3505003-01	外购、生产耗用
102	原材料	03001001	弹簧座	只	13%	BTA007-3505002-06	外购、生产耗用
	原材料	03005002	齿轮调节片	只	13%	BTB026-3503006	外购、生产耗用
103	原材料	09001001	缸体-JJ-DD	只	13%	BTA001-JJ-DD	外购、生产耗用
	原材料	09004006	缸体-JJ-DY	只	13%	BTE006-JJ-DY	外购、生产耗用
3	产成品	10001001	制动总泵	只	13%	BTA001	自制、销售
	产成品	10001006	制动总泵	只	13%	BTA006	自制、销售
2	半成品	15001001	制动总泵	只	13%	BTA001-B	自制、生产耗用

（1）执行"基础设置—存货—存货档案"命令，打开"存货档案卡片"窗口。
（2）在"存货档案卡片"窗口中，单击选中"101"。
（3）单击"增加"按钮，打开"增加存货档案"对话框。按资料输入存货档案的基本信息，如图 2-3-2 所示。

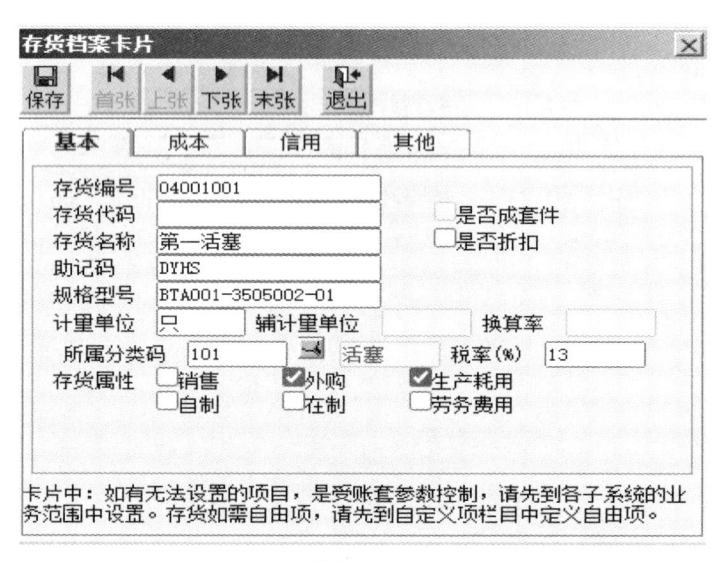

图 2-3-2

（4）单击"保存"按钮。
（5）按以上方法，增加其他存货档案信息。

任务 4　企业固定资产信息设置与维护

4.1　固定资产参数设置

固定资产参数如表 2-4-1 所示。

表 2-4-1　固定资产参数

控制参数	参数设置
折旧信息	1. 本账套计提折旧； 2. 折旧方法：平均年限法（一）； 3. 折旧汇总分配周期：1 个月； 4. 当（月初已计提月份=可使用月份–1）时，将剩余折旧全部提足
编码方式	1. 资产类别编码方式：2112； 2. 固定资产编码方式：按"类别编码+序号"自动编码； 3. 卡片序号长度为 5
财务接口	1. 在对账不平的情况下不允许固定资产月末结账； 2. 对账科目： 　固定资产对账科目：固定资产（1601） 　累计折旧对账科目：累计折旧（1602） 　固定资产缺省入账科目：1601 　累计折旧缺省入账科目：1602 3. 缺省方式进项税

（1）执行"固定资产—设置—选项"命令，进入"选项"窗口。

（2）在"与账务系统接口"选项卡中，选中"月末结账前一定要完成制单登账业务"，选择"业务发生后立即制单"复选框，选择可纳税调整的增加方式为"直接购入"。

（3）选择缺省入账科目为"1601，固定资产""1602，累计折旧"，可抵扣税额入账科目为"22210101，应交税费/应交增值税"，如图 2-4-1 所示。

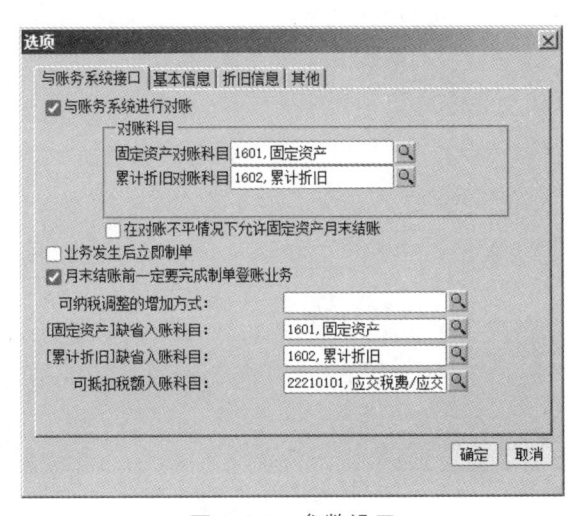

图 2-4-1　参数设置

（4）单击"确定"按钮。

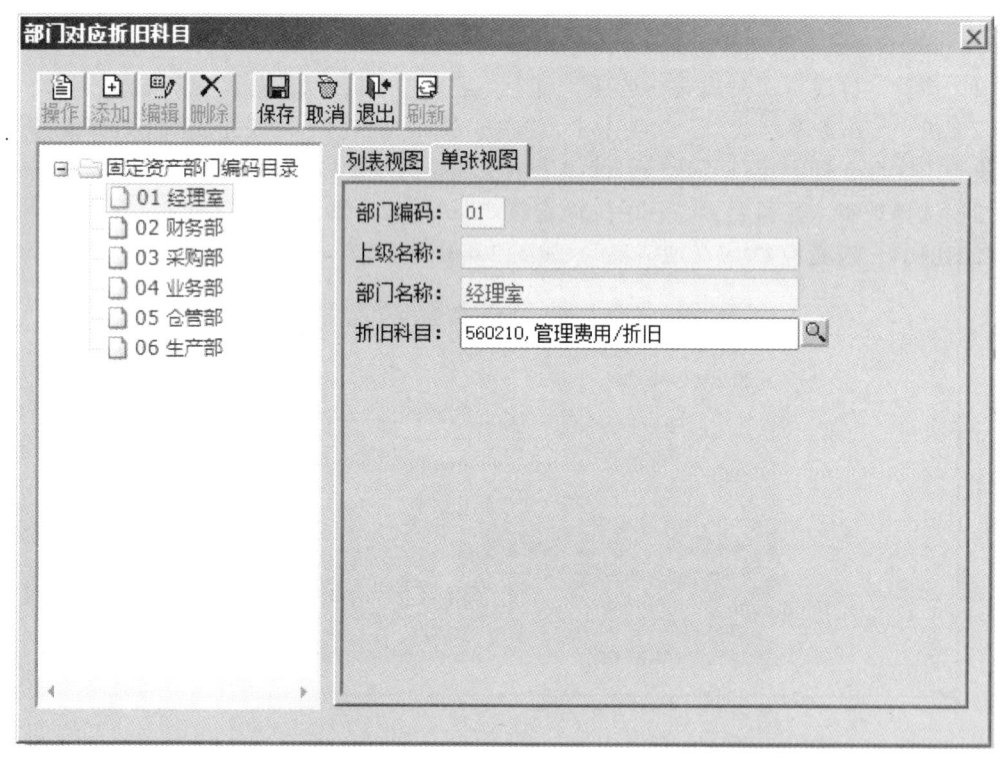

4.2 设置部门对应折旧科目

部门对应折旧科目如表 2-4-2 所示。

表 2-4-2　部门对应折旧科目

部门编码	部门名称	折旧科目
1	经理室	560210，折旧费
2	财务部	560210，折旧费
3	采购部	560210，折旧费
4	业务部	560108，折旧费
5	仓管部	560210，折旧费
6	生产部	4101

（1）执行"固定资产—设置—部门对应折旧科目设置"命令，进入"部门对应折旧科目"对话框。
（2）选择部门名称为"经理室"，单击"操作"按钮。
（3）选择或输入折旧科目为"560210，管理费用/折旧"，如图 2-4-2 所示。

图 2-4-2　设置部门对应折旧科目

（4）单击"保存"按钮。
（5）按以上方法，完成其他部门折旧科目的设置。

4.3 设置增减方式

增减方式如表 2-4-3 所示。

表 2-4-3 增减方式

增加方式	对应入账科目
直接购入	100201
投资者投入	3001
盘盈	1901
在建工程转入	3001
报废	1606
盘亏	1901

（1）执行"固定资产—设置—增减方式"命令，进入"增减方式"窗口。
（2）在左边列表框中，单击增加方式下的"直接购入"，单击"操作"按钮。
（3）输入对应入账科目为"100201，工商银行"，如图 2-4-3 所示。

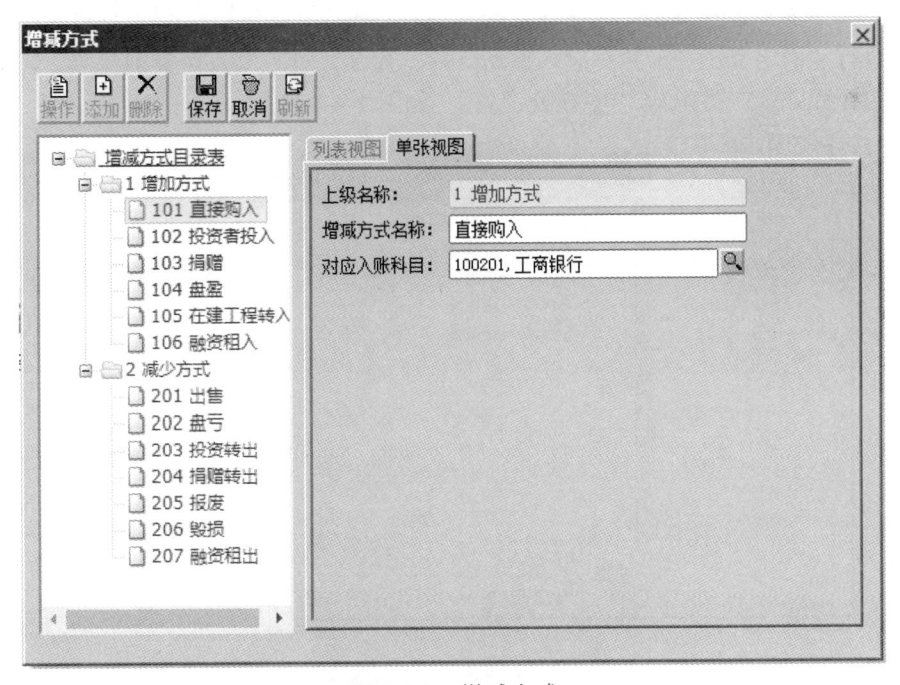

图 2-4-3 增减方式

（4）单击"保存"按钮。
（5）按以上方法，输入减少方式"毁损"的对应入账科目"1606，固定资产清理"。

4.4 输入固定资产原始卡片

原始卡片信息如表 2-4-4 所示。

表 2-4-4 原始卡片信息

卡片编号	00001	00002	00003	0004
固定资产名称	电脑	办公楼	货车	冲压机床
使用状况	在用	在用	在用	在用
增加方式	直接购入	在建工程转入	直接购入	直接购入
类别名称	办公设备	房屋建筑	交通工具（200000）	机械设备
折旧方法	平均年限法（一）	平均年限法（一）	工作量法（30000公里）	平均年限法（一）
是否多部门使用	否	否	否	否
使用部门	财务部	经理室	业务部	生产部
开始使用日期	2020.10.01	2019.05.01	2019.05.01	2019.05.01
使用年限	3	20	5	10
原值	4500	500000	120000	1000000
净残值率	0.02	0.05	0.05	0.05
累计折旧	1470	82000	17100	58460

（1）执行"固定资产—卡片—录入原始卡片"命令，进入"资产类别参照"窗口。
（2）选择固定资产类别为"01 办公设备"，如图 2-4-4 所示。

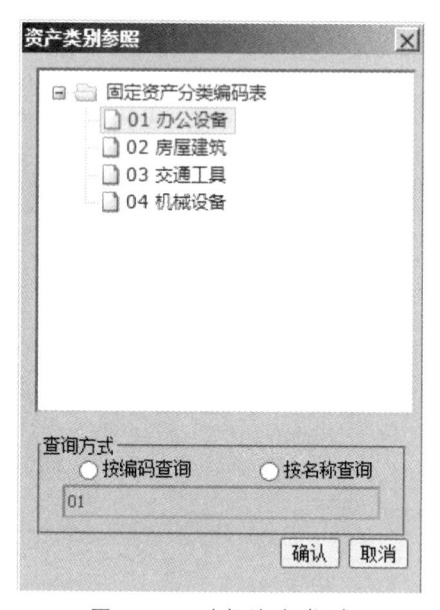

图 2-4-4 选择资产类别

（3）单击"确认"按钮，进入"固定资产卡片录入"界面，如图 2-4-5 所示。

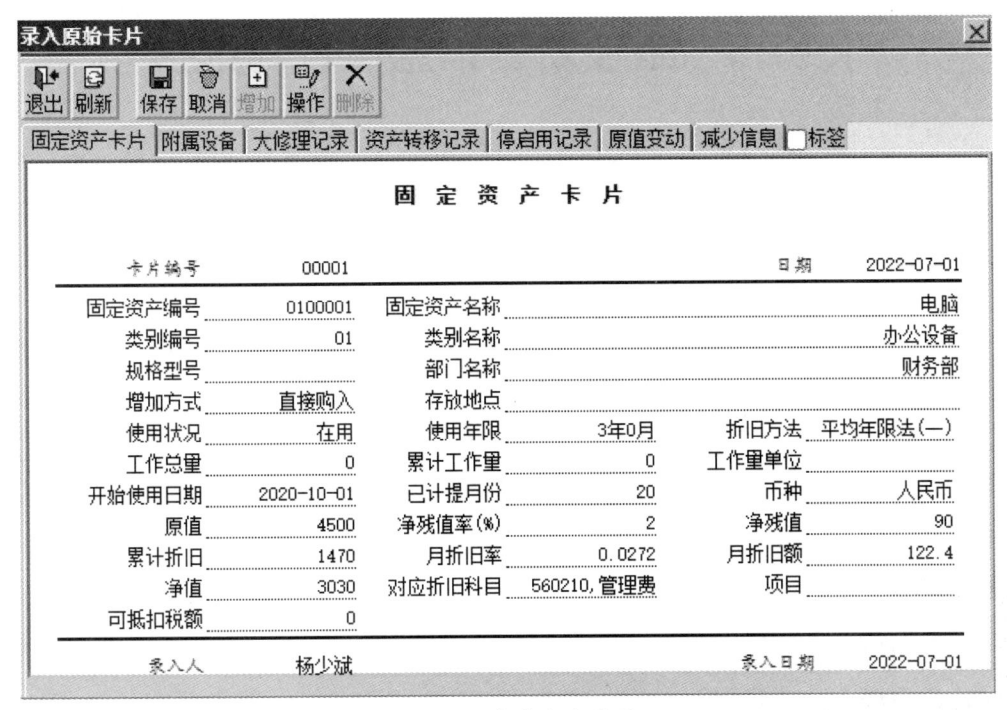

图 2-4-5　固定资产卡片录入

（4）输入固定资产名称"电脑"，双击部门名称栏选择"财务部"，双击增加方式栏选择"直接购入"，双击使用状况栏选择"在用"，输入开始使用日期"2020-10-01"，输入原值"4500"，输入累计折旧"1470"，输入可使用年限"3年0月"，其他信息自动算出。

（5）单击"保存"按钮，弹出"原始卡片录入成功"信息提示框。

（6）单击"确定"按钮。

（7）按以上方法，根据资料完成其他固定资产卡片的输入。

任务5 企业薪资信息设置与维护

5.1 设置人员档案

人员档案信息如表 2-5-1 所示。

表 2-5-1 人员档案

员工编码	员工名称	人员类别	中方人员	所属部门	计税	银行名称	银行账号
000001	葛*孟	管理人员	是	经理室	是	工商银行	62172118001
000002	葛*海	管理人员	是	经理室	是	工商银行	62172118002
000003	陈*革	管理人员	是	经理室	是	工商银行	62172118003
000004	李*雅	管理人员	是	财务部	是	工商银行	62172118004
BT0001	杨*斌	经理人员	是	经理室	是	工商银行	62172118005
BZ0002	刘*水	经理人员	是	采购部	是	工商银行	62172118006
BZ0003	李*君	管理人员	是	采购部	是	工商银行	62172118007
BZ0006	唐*吉	管理人员	是	财务部	是	工商银行	62172118008
BZ0007	周*璋	经理人员	是	业务部	是	工商银行	62172118009
BZ0020	陈*隆	管理人员	是	采购部	是	工商银行	62172118010
BZ0031	闫*心	业务人员	是	业务部	是	工商银行	62172118011
BZ0060	陈*	业务人员	是	业务部	是	工商银行	62172118012
BZ0068	任*丽	管理人员	是	财务部	是	工商银行	62172118013
BZ0115	金*	业务人员	是	业务部	是	工商银行	62172118014
BZ0125	周*清	经理人员	是	仓管部	是	工商银行	62172118015
BZ0133	周*鸣	管理人员	是	仓管部	是	工商银行	62172118016
BZ0134	陈*媖	业务人员	是	业务部	是	工商银行	62172118017
BZ0141	鲁*娇	经理人员	是	生产部	是	工商银行	62172118018
BZ0148	单*回	生产工人	是	生产部	是	工商银行	62172118019

（1）执行"工资—设置—人员档案"命令，进入"人员档案"窗口。
（2）单击工具栏中的"批增"按钮，打开"人员批量增加"窗口，选择所有部门。
（3）单击"确定"按钮，选中人员"葛建孟"，单击"修改"按钮，人员类别选择"管理人员"，选择银行名称为"工商银行"，输入银行账号为"62172118001"，如图 2-5-1 所示。

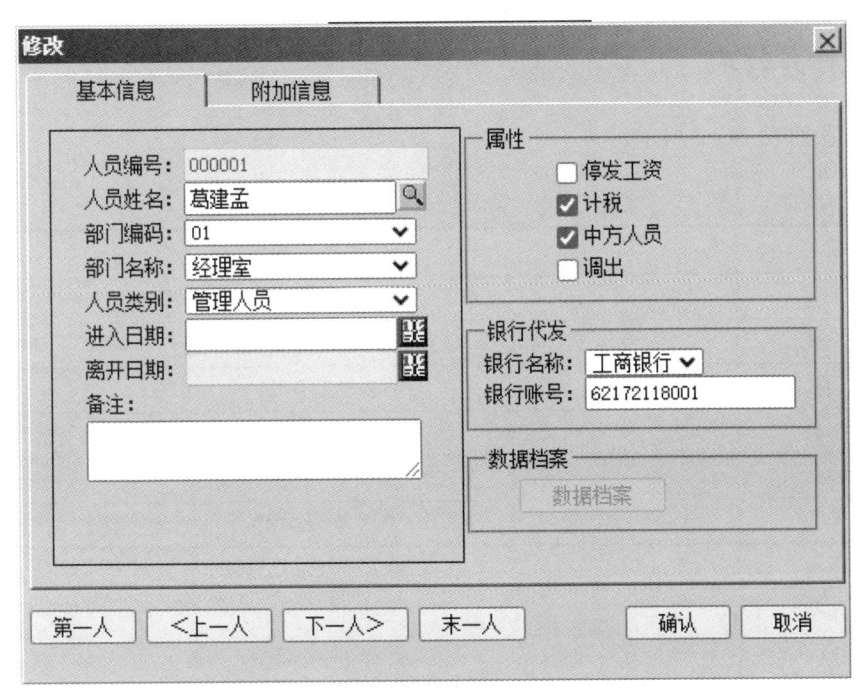

图 2-5-1 设置人员档案-补充银行信息

（4）单击"确认"按钮。
（5）按以上方法，补充其他人员的人员类别及银行信息，如图 2-5-2 所示。

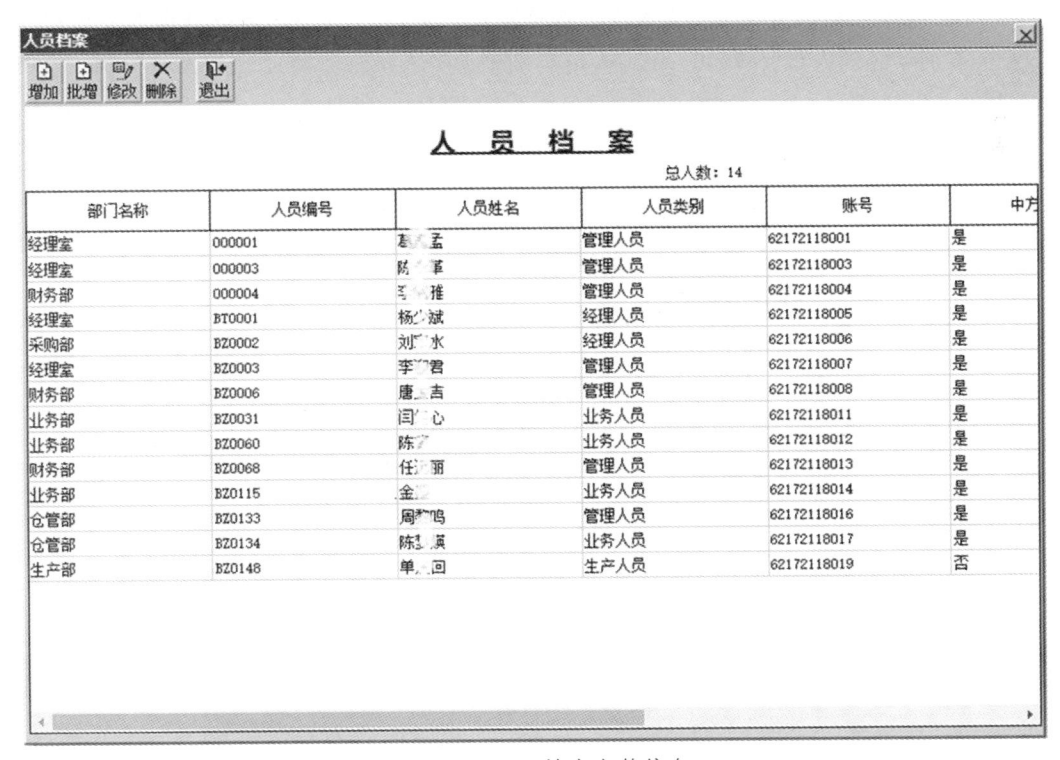

图 2-5-2 人员档案完整信息

5.2 设置计算公式

计算信息如表 2-5-2 所示。

表 2-5-2 计算信息

工资项目	公式定义条件
基本工资	管理人员：6000；经理人员：7000；业务人员：5000；生产人员：4500
岗位工资	经理室：4000；业务部 2000；生产部 1800；其他部门 3000
日工资	基本工资/21
事假扣款	日工资×事假天数
病假扣款	日工资×病假天数×0.2
养老保险	应发合计×8%
医疗保险	应发合计×0.5%
失业保险	应发合计×2%
公积金	应发合计×12%

（1）在"工资项目设置"对话框中的"公式设置"选项卡下，单击"增加"按钮，在工资项目列表中增加一空行。

（2）单击下拉列表框选择"基本工资"选项。

（3）在"基本工资公式定义"文本框中直接输入公式"iff（人员类别="管理人员",6000, iff（人员类别="经理人员",7000, iff（人员类别="业务人员",5000, iff（人员类别="生产人员",4500,0))))"。

（4）单击"公式确认"按钮，如图 2-5-3 所示。

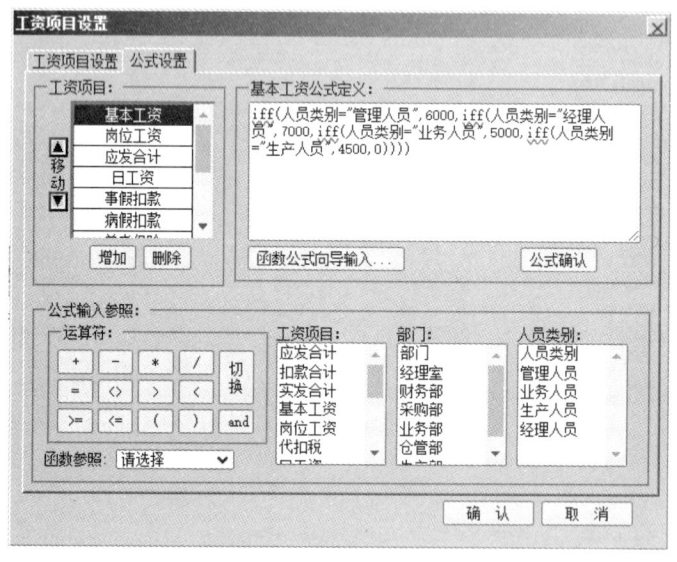

图 2-5-3 设置计算公式

（5）按以上方法，输入其他工资项目的计算公式。
（6）单击左侧或右侧的或按将有计算公式的工资项目按图 2-5-4 所示的方式排列，单击"确认"按钮。

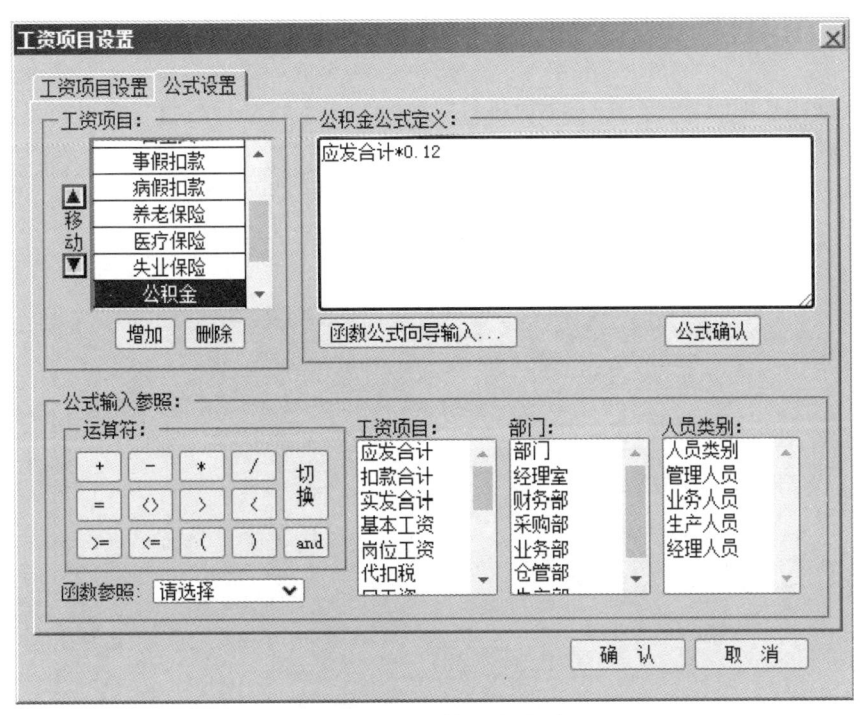

图 2-5-4 计算公式排列

任务 6　企业财务信息设置与维护

6.1　设置会计科目

（1）执行"基础设置—财务—会计科目"命令，进入"会计科目"窗口，显示所有预置的一级会计科目。

（2）单击"增加"按钮，进入"新增科目"窗口。输入科目编码"100201"、科目中文名称"工商银行"，选择"日记账""银行账"复选框，如图 2-6-1 所示。

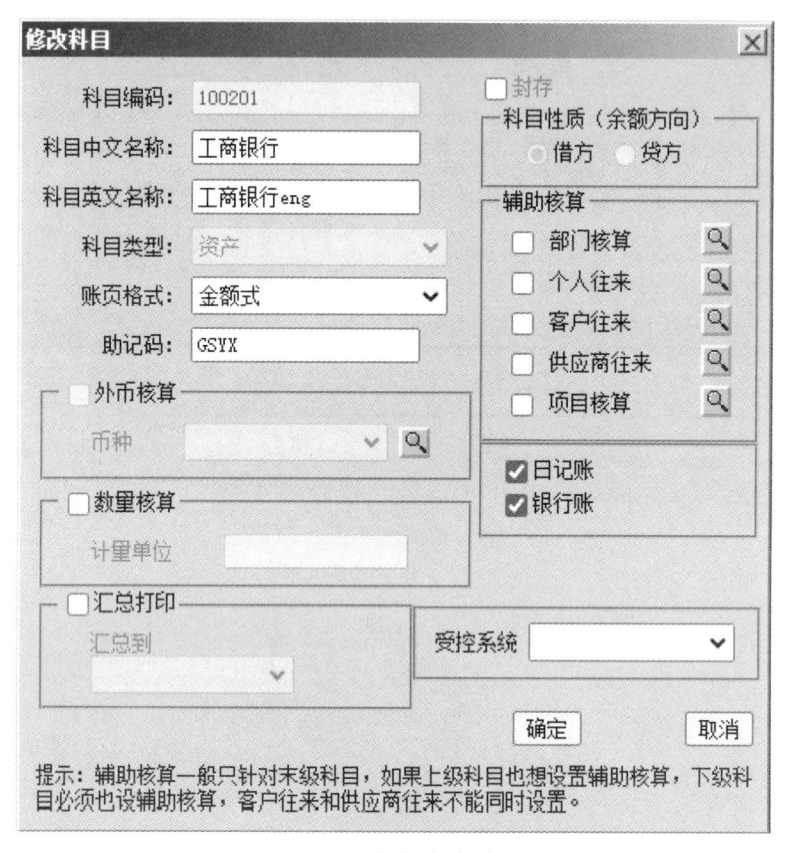

图 2-6-1　增加会计科目

（3）单击"确定"按钮。
（4）输入完成后，单击"关闭"按钮退出。

6.2　设置凭证类别

（1）执行"基础设置—财务—凭证类别"命令，打开"凭证类别预置"对话框。
（2）单击"记账凭证"选项，如图 2-6-2 所示。

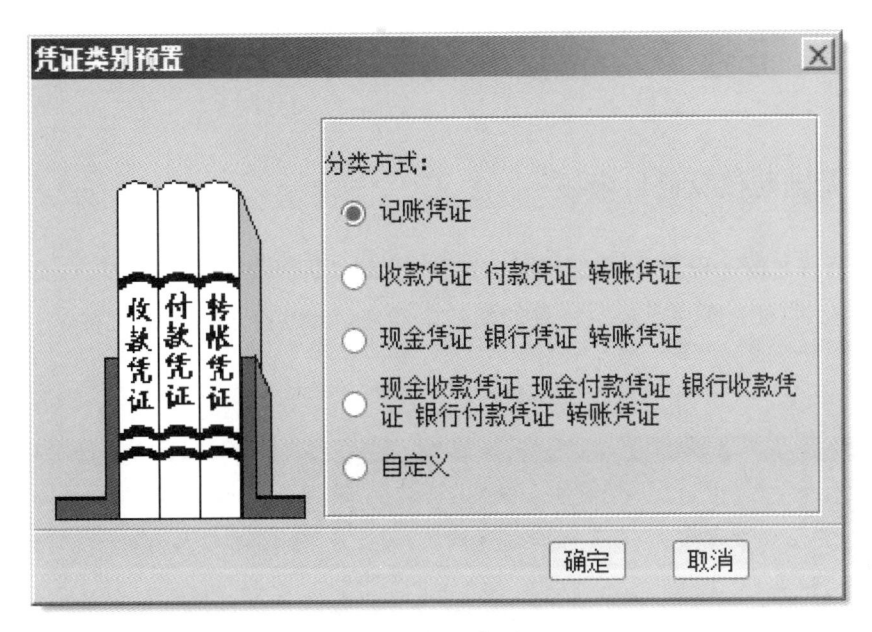

图 2-6-2　凭证类别设置

（3）单击"确定"按钮，进入"凭证类别"窗口，如图 2-6-3 所示。

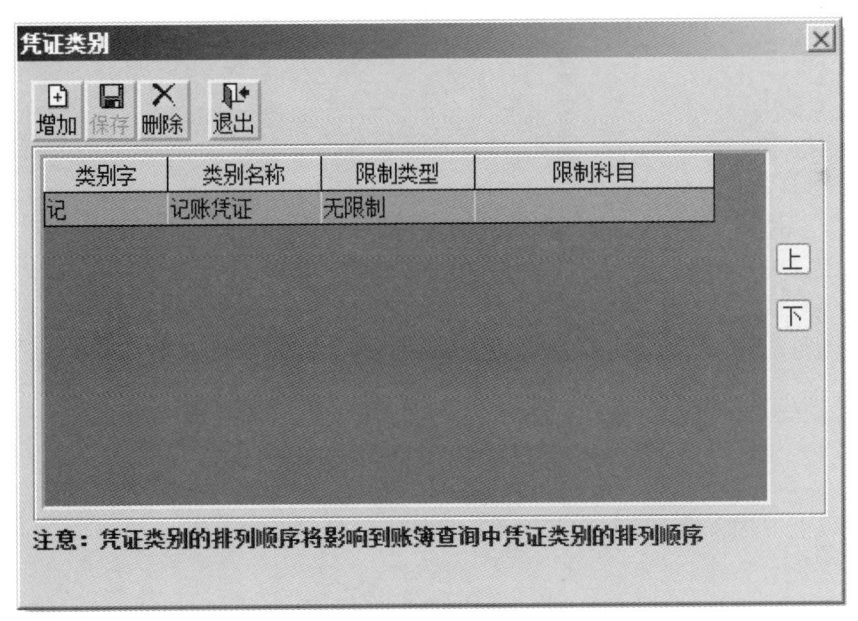

图 2-6-3　凭证类别

（4）设置完成后，单击"保存"按钮，退出。

任务 7　企业期初数据设置与维护

7.1　输入无辅助核算科目余额

（1）执行"总账—设置—期初余额"命令，进入"期初余额录入"窗口。

（2）输入"1001 库存现金"科目的期初余额 18300.00，按 Enter 键确认，如图 2-7-1 所示。

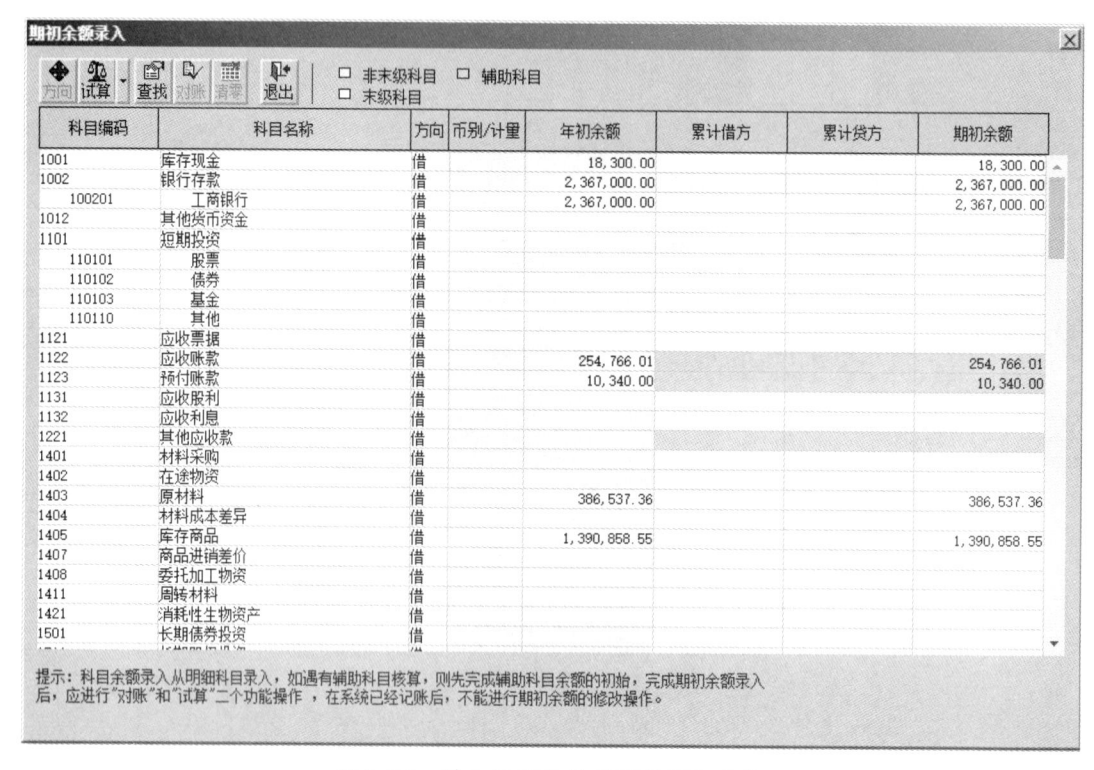

图 2-7-1　输入无辅助核算科目期初余额

（3）按以上方法，输入资料中其他无辅助核算科目的期初余额。

7.2　输入有辅助核算科目期初余额

（1）执行"总账—设置—期初余额"命令，进入"期初余额录入"窗口。

（2）双击"其他应收款"的期初余额栏，进入"个人往来期初"窗口。

（3）单击"增加"按钮，输入资料中"其他应收款"的辅助核算信息，如图 2-7-2 所示。

（4）单击"退出"按钮，辅助核算初始余额自动汇总到总账科目中。

（5）按以上方法，输入资料中其他辅助核算科目的期初余额。

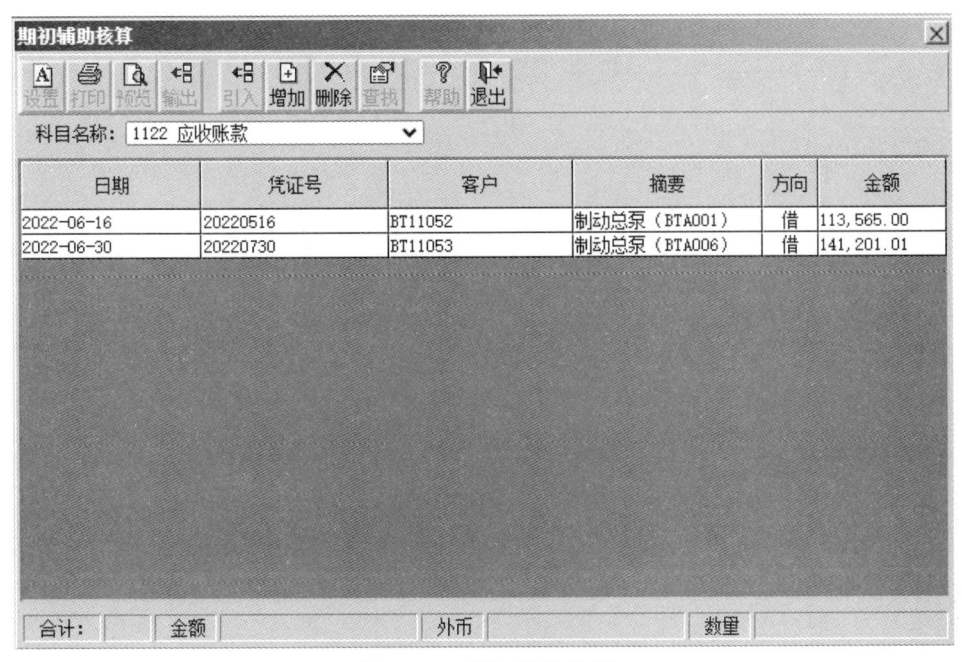

图 2-7-2　期初辅助核算

7.3　试算平衡

（1）输完所有科目余额后，在"期初余额录入"窗口，单击"试算"按钮，打开"期初试算平衡表"对话框，如图 2-7-3 所示。

（2）单击"确认"按钮。若期初余额不平衡，则修改期初余额直到平衡为止。

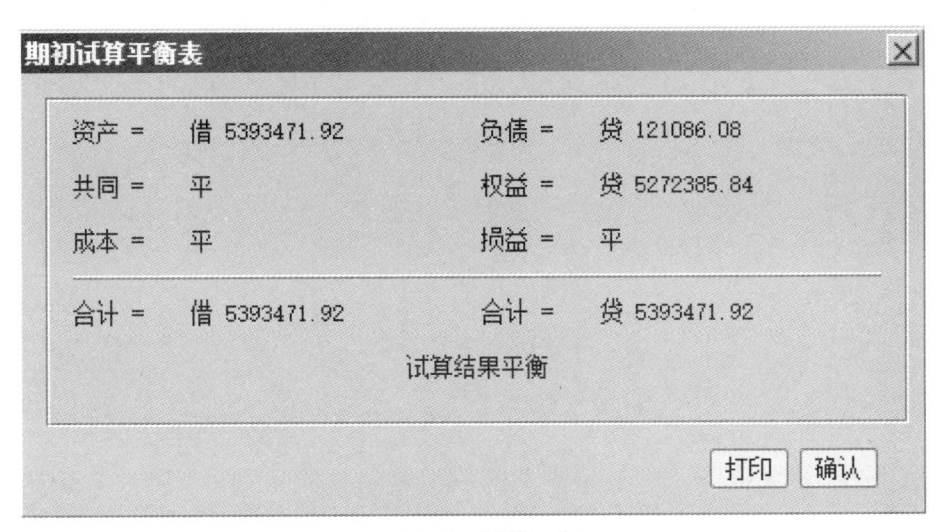

图 2-7-3　试算平衡

工作领域三 企业典型业务流程及业务处理

任务1 财务日常业务处理

将系统时间调整为"2022-07-01"。

以会计王瑞身份登录信息门户。输入或选择如下信息：操作员"201"，密码"空"，账套"203 杭州萧山某某汽配轴承厂"，会计年度"2022"，日期"2022-07-01"。

完成以下日常业务：

（1）执行"总账—凭证—填制凭证"命令，进入"填制凭证"窗口。

（2）单击"增加"按钮，增加一张空白凭证。

（3）选择凭证类型"付"，输入制单日期"2022-07-01"。

（4）输入摘要"提现"，输入科目名称"221101"，借方金额"129215.65"，按 Enter 键，摘要自动被带到下一行。

（5）输入科目名称"100201"，按 Enter 键，按资料输入银行结算信息，如图 3-1-1 所示。单击"确认"按钮，输入贷方金额"129215.65"。

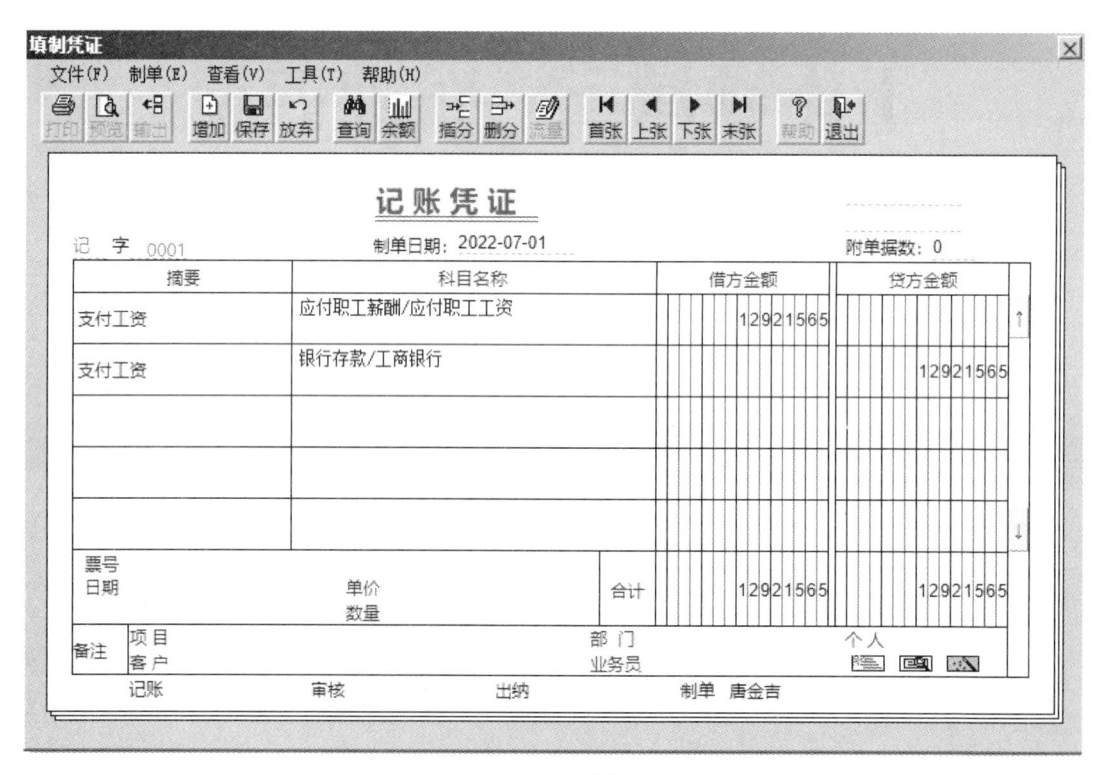

图 3-1-1 记账凭证

（6）单击"保存"按钮，系统提示"保存成功!"，单击"确定"按钮。

任务 2　典型采购流程及业务处理

2.1　采购订单处理

以采购员宋刚的身份登录信息门户。输入或选择如下信息：操作员"204"，密码"空"，账套"203 杭州萧山某某汽配轴承厂"，会计年度"2022"，日期"2022-07-04"。

完成以下采购业务：

（1）执行"采购—采购订单"命令，进入"采购订单"窗口。

（2）单击"增加"按钮，输入日期"2022-07-04"，选择供货单位"绍兴铸造厂"，输入税率"13"，日期"2022-07-04"，如图 3-2-1 所示。

（3）选择存货编号为"09001001"，输入数量"3560"，单价"20.30"。

（4）单击"保存"按钮，再单击"审核"按钮。

（5）单击"退出"按钮，退出"采购订单"窗口。

图 3-2-1　输入采购订单

2.2　采购入库单处理

1. 在采购模块填制采购入库单

（1）执行"采购—采购入库单"命令，进入"采购入库单"窗口。

（2）单击"增加"按钮。输入或选择表头和表体数据：入库日期"2022-07-04"，仓库"配件仓库"，供货单位"绍兴铸造厂"，部门"采购部"，入库类别"采购入库"，存货编码"09001001"，输入数量"3560"，单价"20.30"，如图 3-2-2 所示。

（3）单击"保存"按钮。
（4）单击"退出"按钮，退出"采购入库单"窗口。

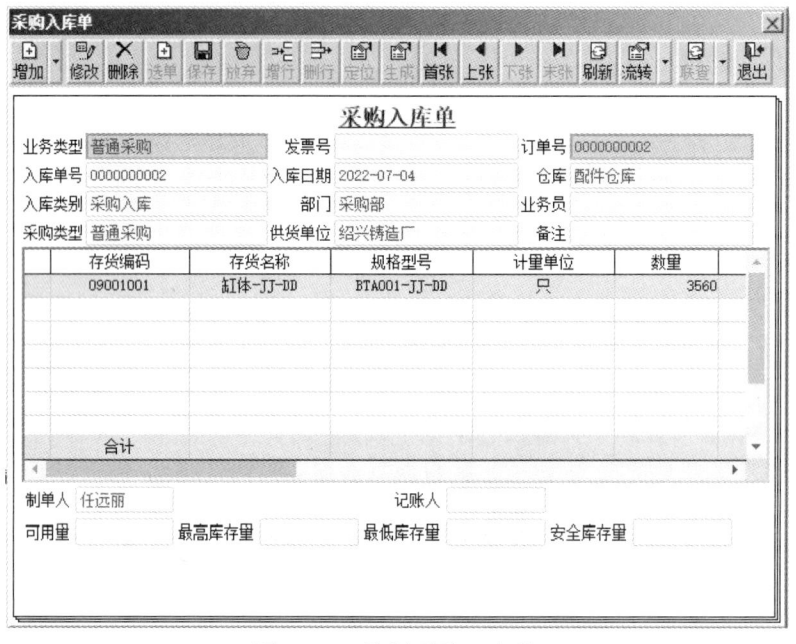

图 3-2-2　填制采购入库单

2. 在库存模块审核采购入库单

（1）执行"库存—采购入库单审核"命令，打开"采购入库单审核"对话框（见图 3-2-3）。
（2）选择需审核的入库单，单击"复核"按钮，进行审核。然后单击"退出"按钮返回。

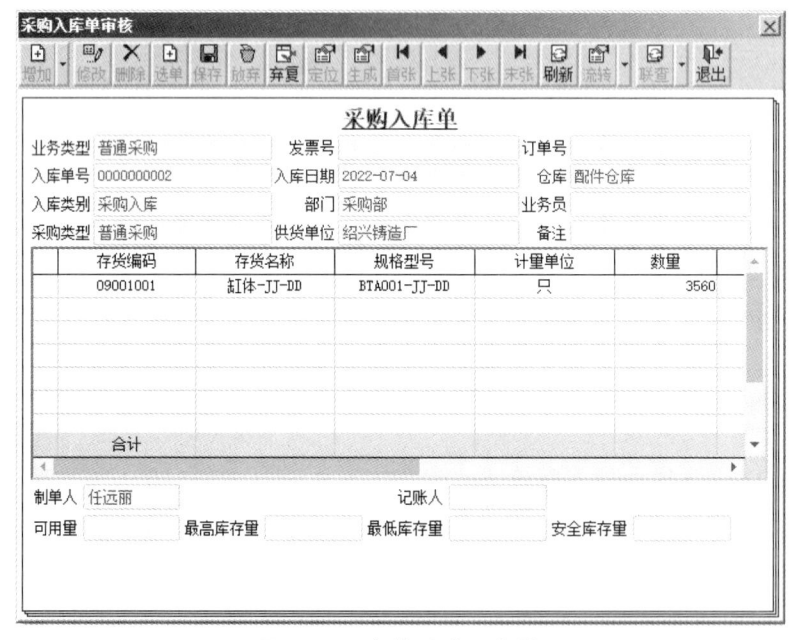

图 3-2-3　审核采购入库单

3. 在核算模块对采购入库单记账

（1）执行"核算—核算—正常单据记账"命令，打开"正常单据记账"对话框。
（2）单击"确定"按钮，进入"正常单据记账"窗口。
（3）单击选择要记账的单据，如图3-2-4所示。
（4）单击"记账"按钮，记账完毕单击"确定"按钮。

图 3-2-4　选择记账单据

4. 在核算模块对采购入库单制单

（1）执行"核算—凭证—购销单据制单"命令，单击"选择"按，选择"采购入库单（报销记账）"选项，如图3-2-5所示。

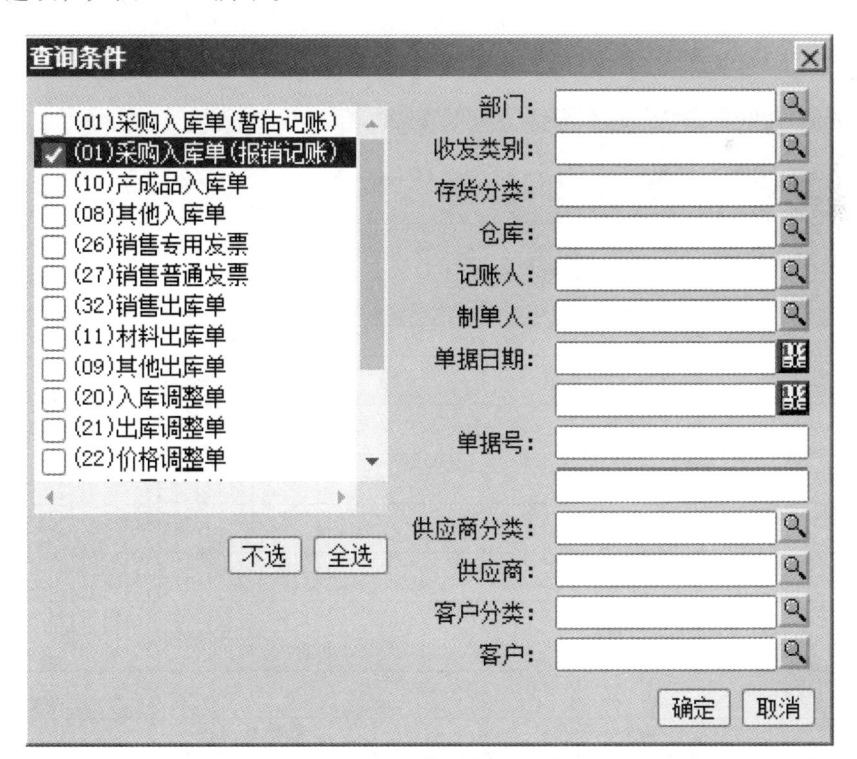

图 3-2-5　选择单据类型

（2）单击"确定"按钮，然后单击选择"采购入库单"行，如图3-2-6所示。

图 3-2-6　选择采购入库单

（3）单击"确定"按钮，进入"生成凭证"窗口，选择凭证类别"记"，如图 3-2-7 所示。

图 3-2-7　设置凭证模板

（4）单击"生成"按钮，进入"填制凭证"窗口，检查凭证其他信息无误后，单击"保存"按钮，如图 3-2-8 所示。

图 3-2-8　生成采购入库单凭证

2.3 采购发票处理

1. 在采购模块填制并复核采购发票

（1）执行"采购—采购发票"命令，进入"采购发票"窗口。

（2）单击"增加"按钮，然后单击发票类型栏后侧的下拉箭头，选择"专用发票"。输入或选择表头、表体数据：开票日期"2022-07-04"，发票号"20220704"，供货单位"绍兴铸造厂"，部门名称"采购部"，税率"13"，到期日"2022-07-04"，存货编码"09001001"，数量"3560"，原币单价"20.30"，如图 3-2-9 所示。

（3）单击"保存"按钮，再单击"复核"按钮，弹出提示信息，单击"确定"按钮。

图 3-2-9　填制并复核采购发票

2. 在采购模块将采购发票与采购入库单进行采购结算

（1）执行"采购—采购结算—手工结算"命令，打开"条件输入"对话框，单击"确定"按钮，进入"入库单和发票选择"窗口。

（2）在选择栏单击选择"入库单"和"发票"，如图 3-2-10 所示。

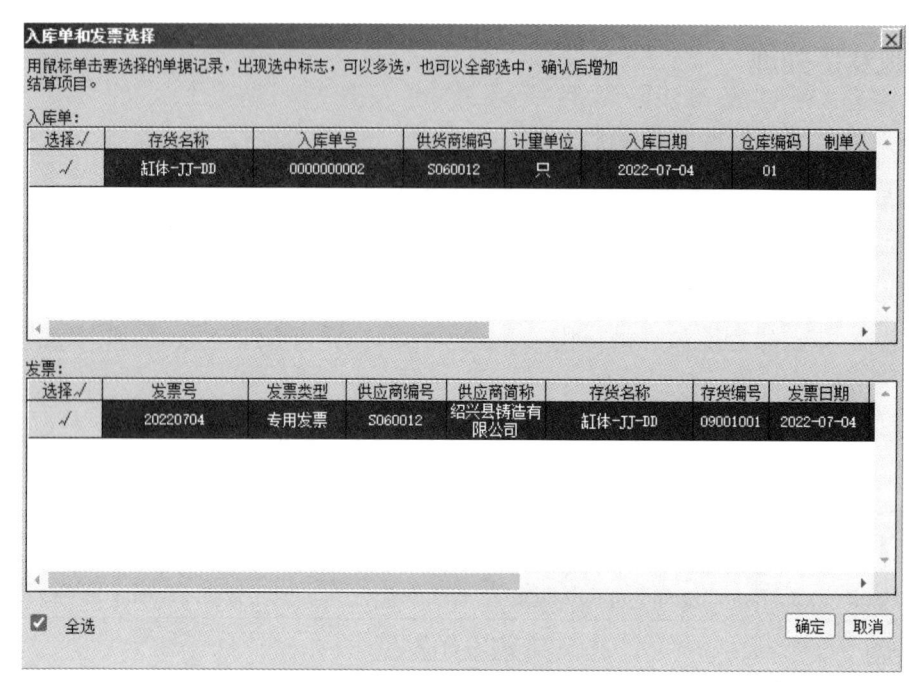

图 3-2-10 选择入库单和发票

（3）单击"确定"按钮，显示手工结算列表，如图 3-2-11 所示。

（4）单击"结算"按钮，提示结算完成，然后单击"确定"按钮。

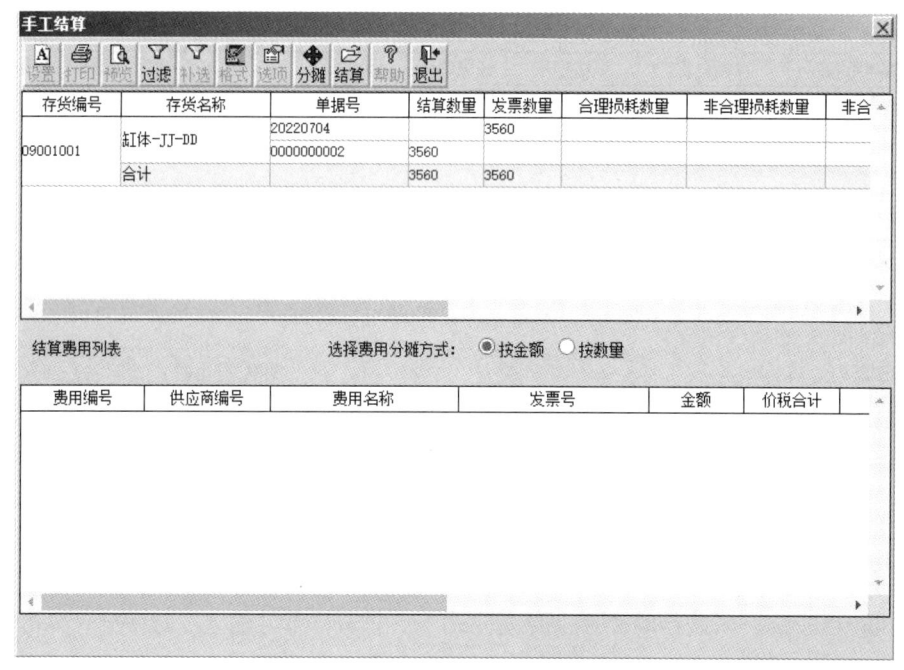

图 3-2-11 显示手工结算单列表

（5）单击"结算"按钮，提示结算完成，然后"确定"按钮。

3. 在核算模块对采购发票制单（发票制单）

（1）执行"核算—凭证—供应商往来制单"命令，默认选择"发票制单"，如图 3-2-12 所示。

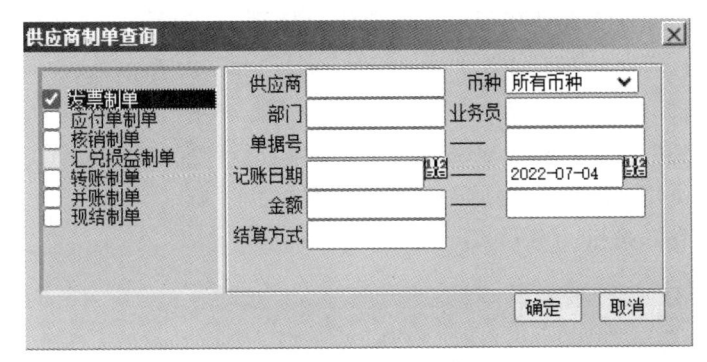

图 3-2-12　选择单据类型

（2）单击"确定"按钮，然后单击选择"专用发票"行，选择凭证类别"记账凭证"，制单日期"2022-07-04"，如图 3-2-13 所示。

图 3-2-13　选择采购发票

（3）单击"制单"按钮，进入"填制凭证"窗口，检查无误，单击"保存"按钮，如图 3-2-14 所示。

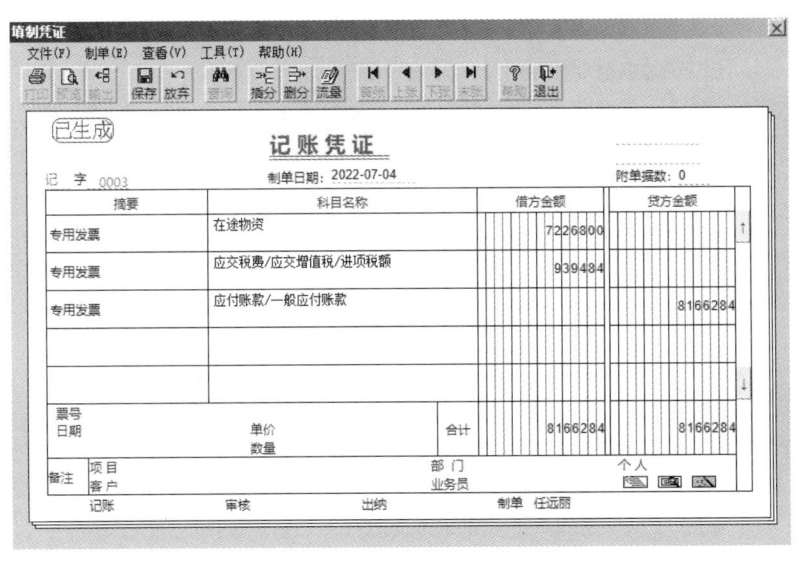

图 3-2-14　生成采购发票凭证

2.4 付款单处理

1. 在采购模块填制付款单并与对应发票进行核销

(1)执行"采购—供应商往来—付款结算"命令,进入"单据结算"窗口。

(2)选择供应商"绍兴县铸造有限公司"。

(3)单击"增加"按钮,输入或选择表头数据:日期"2022-07-04",结算方式"转账支票",金额"81662.84",票据号"33902817",如图 3-2-15 所示。

(4)单击"保存"按钮。

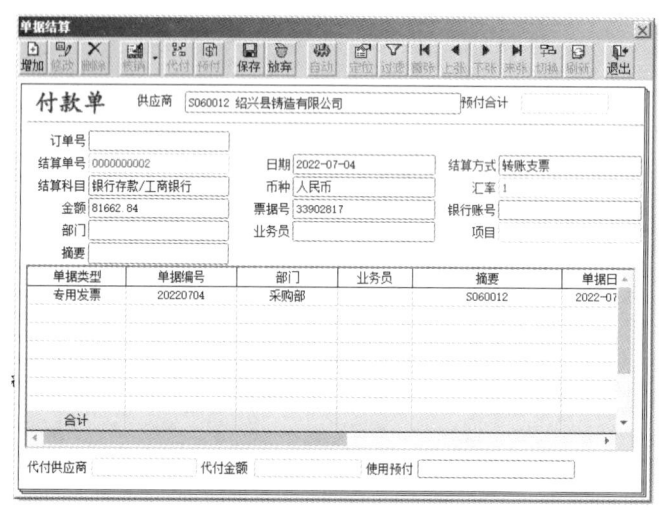

图 3-2-15 填制付款单

(5)单击"核销"按钮,对单据日期为"2022-07-04"的单据进行核销,输入本次结算金额"81662.84",如图 3-2-16 所示。

(6)单击"保存"按钮,再单击"退出"按钮退出。

图 3-2-16 核销付款单

2. 在核算模块对付款单制单（核销制单）

（1）执行"核算—供应商往来制单"命令，选择"核销制单"，如图 3-2-17 所示，单击"确定"按钮。

图 3-2-17 选择制单方式

（2）单击选择要制单的付款单，凭证类别选择"记账凭证"，日期为"2022-07-04"，如图 3-1-18 所示。

图 3-2-18 选择付款单

（3）单击"制单"按钮，生成记账凭证，如图 3-2-19 所示。检查凭证无误后，单击"保存"按钮，再单击"退出"按钮退出。

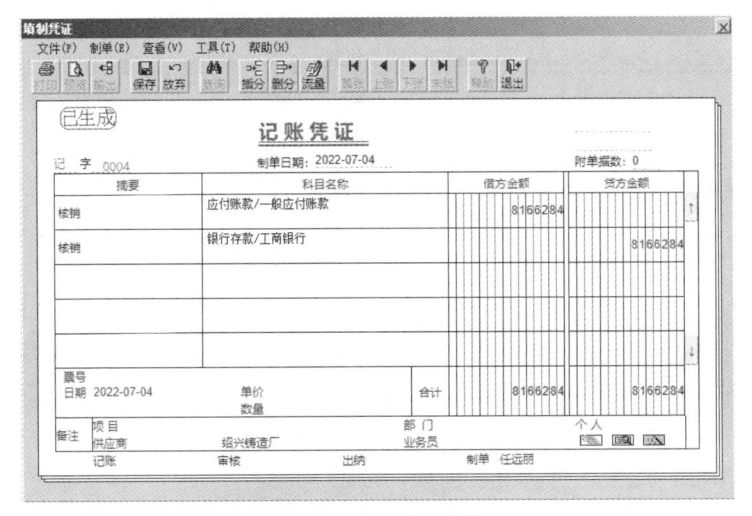

图 3-2-19 生成记账凭证

任务 3 典型销售流程及业务处理

3.1 销售订单处理

（1）执行"销售—销售订单"命令，进入"销售订单"窗口。

（2）单击"增加"按钮，输入订单日期"2022-07-06"，选择客户名称"BT11053"，销售类型"普通销售"，销售部门"业务部"，到期日"2022-07-06"。

（3）选择存货编号为"10001006"，输入数量"6850"，含税单价"53.51"，如图 3-3-1 所示。

（4）单击"保存"按钮，再单击"审核"按钮。

（5）单击"保存"按钮，再单击"退出"按钮退出。

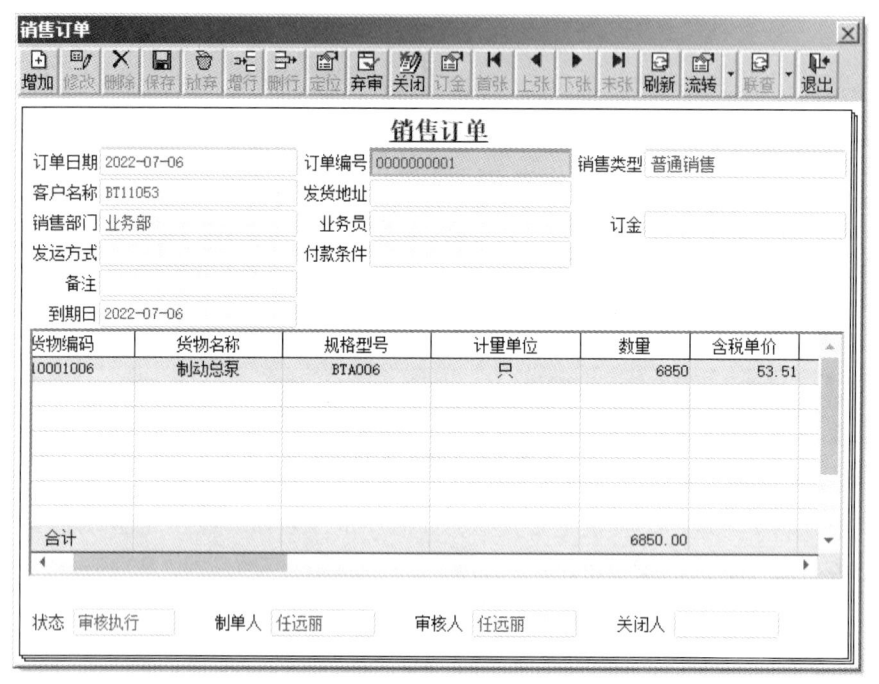

图 3-3-1 输入订单

3.2 销售发货单处理

（1）执行"销售—销售发货单"命令，进入"发货单"窗口。

（2）单击"增加"按钮，输入发货日期"2022-07-06"，选择客户名称"BT11053"，销售类型"普通销售"，销售部门"销售部"，输入税率"13"，到期日"2022-07-06"。

（3）选择仓库"成品库"，存货编号为"10001006"，输入数量"3000"，无税单价"47.35"，如图 3-3-2 所示。

（4）单击"保存"按钮，再单击"审核"按钮。

（5）单击"退出"按钮，退出"销售发货单"窗口。

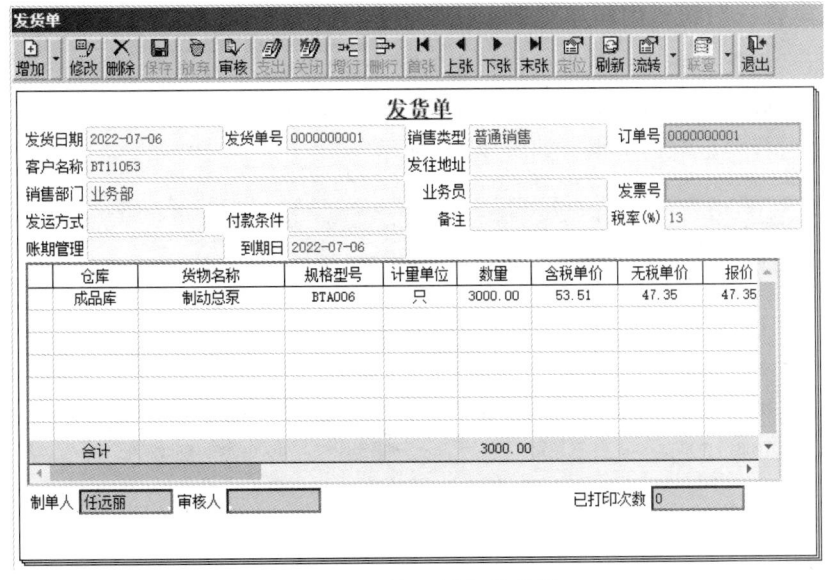

图 3-3-2　输入销售发货单

3.3　销售出库单处理

1. 在库存模块审核销售出库单

（1）执行"库存—销售出库单生成/审核"命令，进入"销售出库单"窗口（见图 3-3-3）。

（2）通过"上张""下张"按钮找到相应的出库单，单击"复核"按钮，单击"退出"按钮。

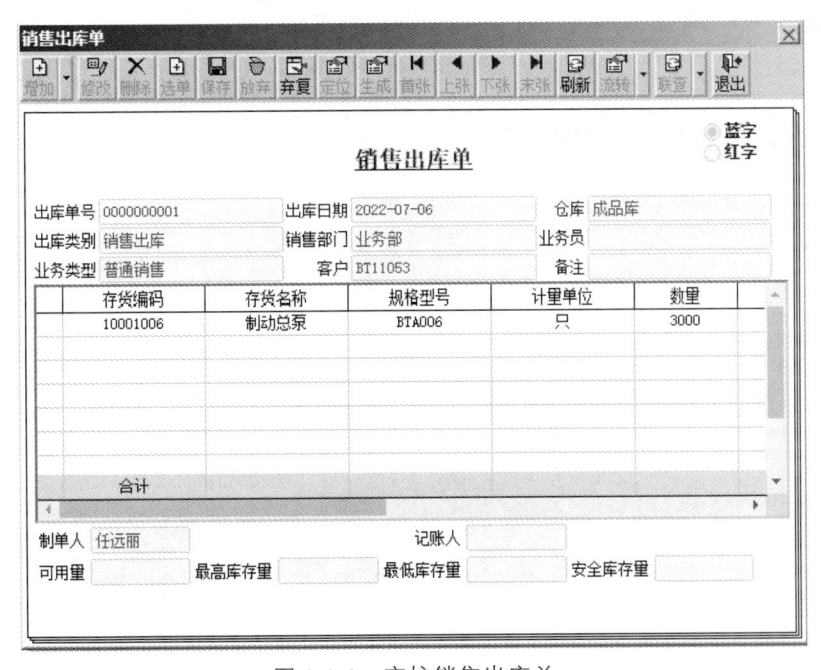

图 3-3-3　审核销售出库单

2. 在核算模块对销售出库单记账

（1）执行"核算—核算—正常单据记账"命令，打开"正常单据记账条件"对话框。

（2）单击"确定"按钮，进入"正常单据记账"窗口。

（3）单击选择要记账的单据，如图3-3-4所示。

图3-3-4 选择要记账的单据

（4）单击"记账"按钮，记账完毕。单击"确定"按钮。

3. 在核算模块对销售出库单制单

（1）执行"核算—凭证—购单据制单"命令，单击"选择"按钮，选择"销售出库单"，如图3-3-5所示。

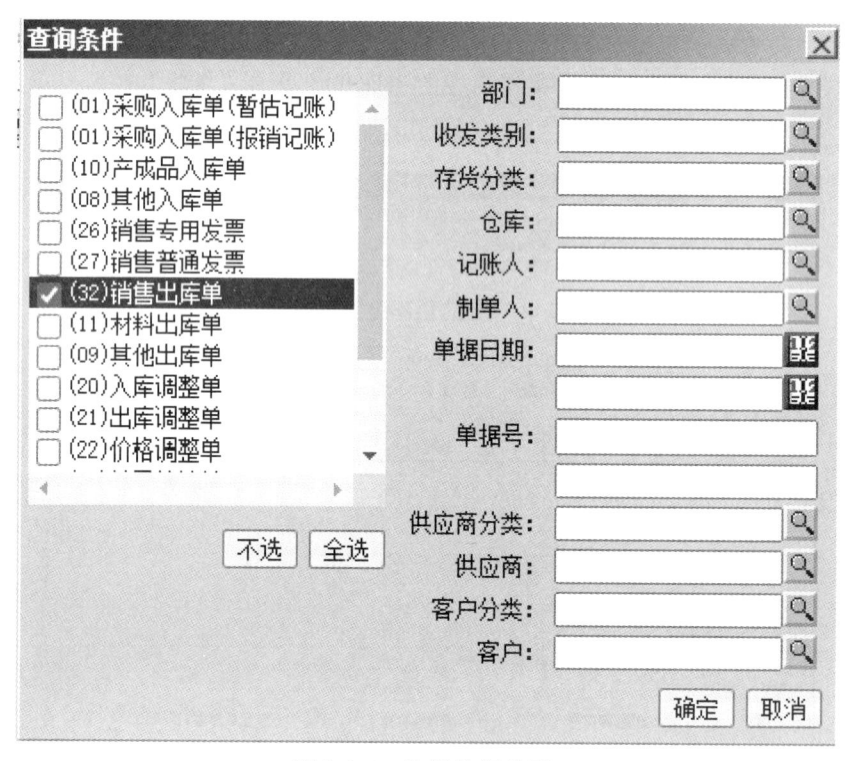

图3-3-5 选择单据类型

（2）单击"确定"按钮，单击选择"销售出库单"行，如图3-3-6所示。

60

图 3-3-6　选择销售出库单

（3）单击"确定"按钮，进入"生成凭证"窗口，选择凭证类别"记"，如图 3-3-7 所示。

图 3-3-7　设置凭证模板

（4）单击"生成"按钮，进入"填制凭证"窗口，修改制单日期为"2022-07-06"，检查凭证其他信息无误后，单击"保存"按钮，生成销售出库单凭证，如图 3-3-8 所示。

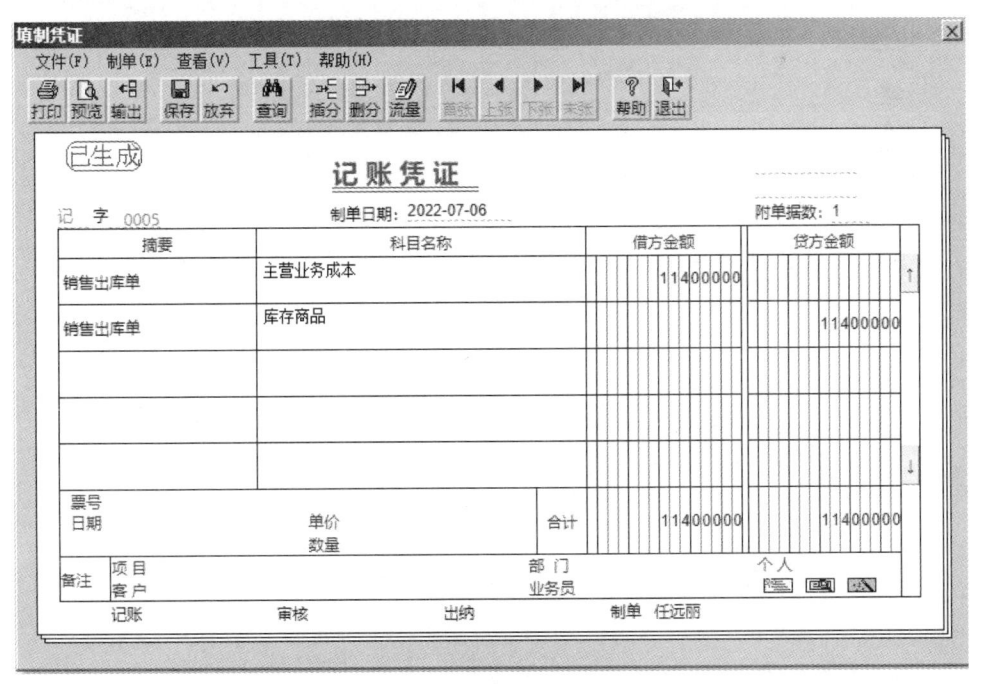

图 3-3-8　生成销售出库单凭证

3.4 销售发票处理

1. 在销售模块生成并复核销售发票

（1）执行"订单"命令，进入"销售订单"窗口。

（2）单击"流转"按钮右侧的下拉箭头，选择"生成专用发票"，如图3-3-9所示。

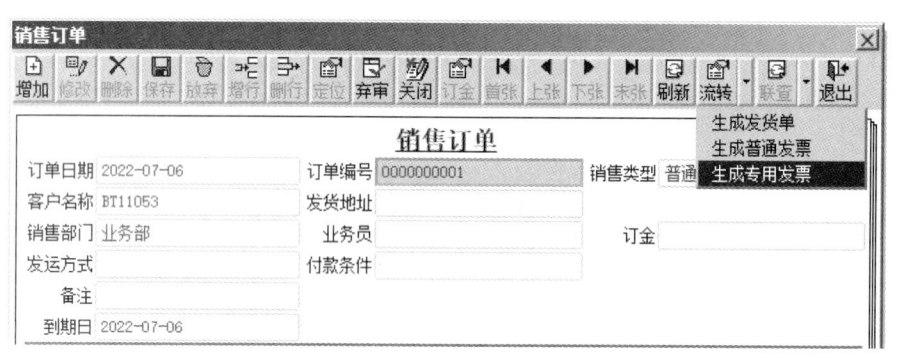

图 3-3-9　选择生成专用发票

（3）修改发票号"20220706"，检查无误后，单击"保存"按钮。单击"复核"按钮，如图3-3-10所示。单击"退出"按钮。

图 3-3-10　生成并复核销售发票

2. 在核算模块对销售发票制单（发票制单）

（1）执行"核算—凭证—客户往来制单"命令，默认选择"发票制单"，如图3-3-11所示。

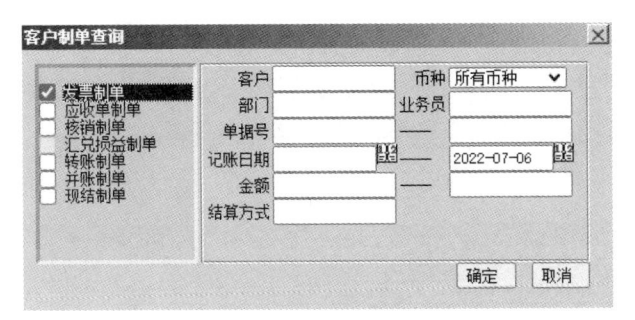

图 3-3-11　选择单据类型

（2）单击"确定"按钮，然后单击选择"专用发票"行，选择凭证类别"记账凭证"，制单日期"2022-07-06"，如图 3-3-12 所示。

图 3-3-12　选择销售发票

（3）单击"制单"按钮，进入"填制凭证"窗口，检查无误，单击"保存"按钮，生成销售发票凭证，如图 3-3-13 所示。

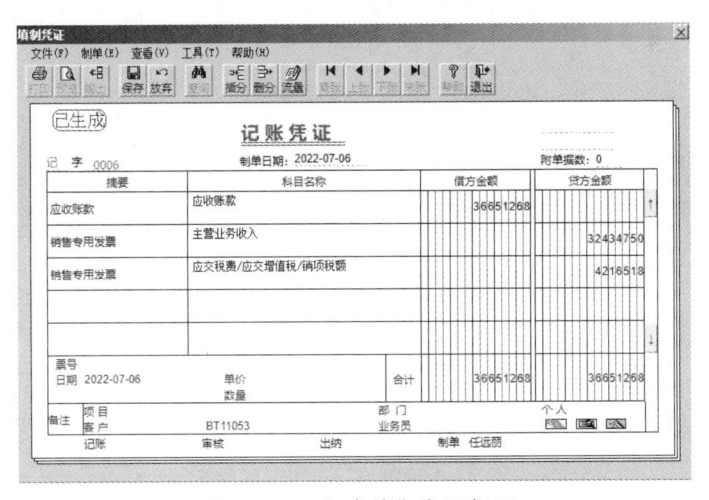

图 3-3-13　生成销售发票凭证

3.5　收款单处理

1. 在销售模块填制收款单并与对应发票进行核销计

（1）执行"销售—客户往来—收款结算"命令，进入"收款结算"窗口。

（2）选择客户"BT11053"。

（3）单击"增加"按钮，输入或选择表头数据：日期"2022-07-06"，结算方式"转账支票"，金额"366512.68"，票据号"33902817"，如图 3-3-14 所示。

（4）单击"保存"按钮。

图 3-3-14　填制收款单

（5）单击"核销"按钮，对日期为"2022-07-06"的单据进行核销，输入本次结算金额"366512.68"，如图 3-3-15 所示。

（6）单击"保存"按钮，再单击"退出"按钮退出。

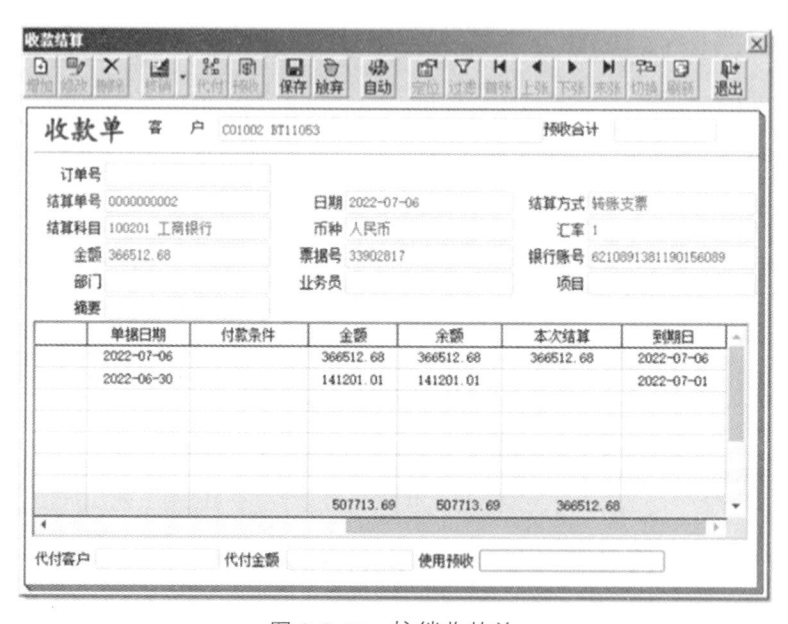

图 3-3-15　核销收款单

2. 在核算模块对收款单制单（核销制单）

（1）执行"核算—凭证—客户往来制单"命令，选择"核销制单"，如图 3-3-16 所示，单击"确定"按钮。

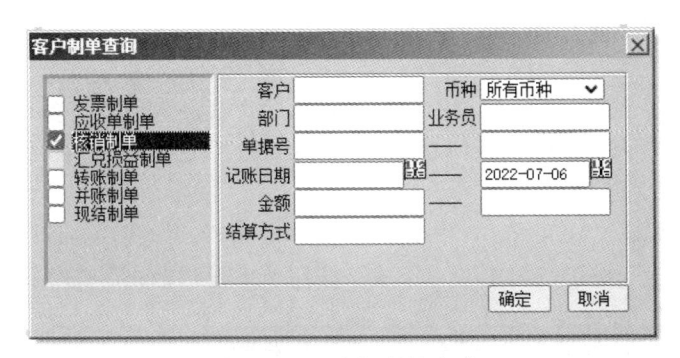

图 3-3-16　选择制单方式

（2）单击选择要制单的收款单，修改凭证类别为"记账凭证"，制单日期为"2022-07-06"，如图 3-3-17 所示，单击"制单"按钮。

图 3-3-17　核销制单

（3）检查凭证无误后，单击"保存"按钮，生成收款单凭证，如图 3-3-18 所示。单击"退出"按钮退出。

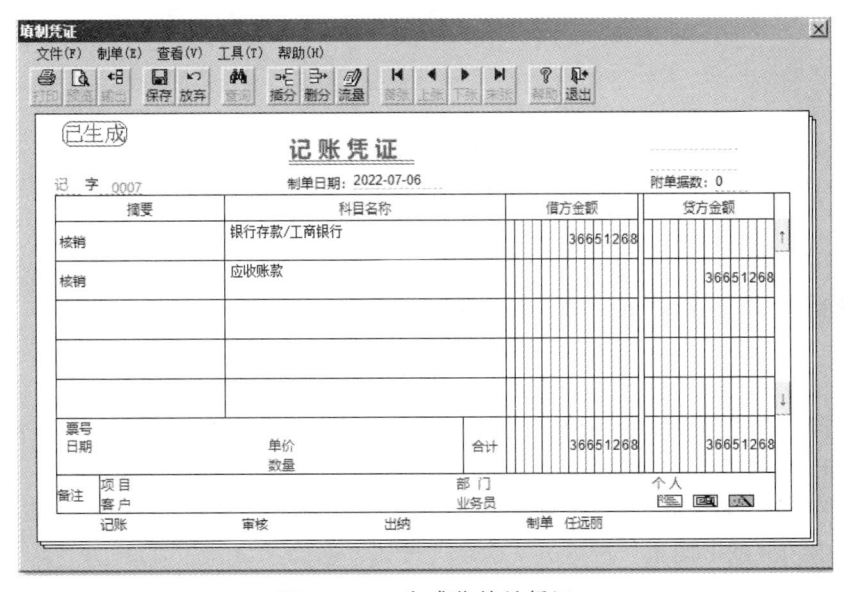

图 3-3-18　生成收款单凭证

任务 4　典型生产流程及业务处理

4.1　在库存模块填制并审核产成品入库单

（1）执行"库存—产成品入库单"命令，进入"产成品入库单"窗口。

（2）单击"增加"按钮，输入入库日期"2022-07-25"，选择仓库"成品库"，入库类别"产成品入库"，部门"生产部"。

（3）选择产品编码"10001001"，输入数量"13600"，如图 3-4-1 所示。

（4）单击"保存"按钮，再单击"审核"按钮，单击"退出"按钮退出。

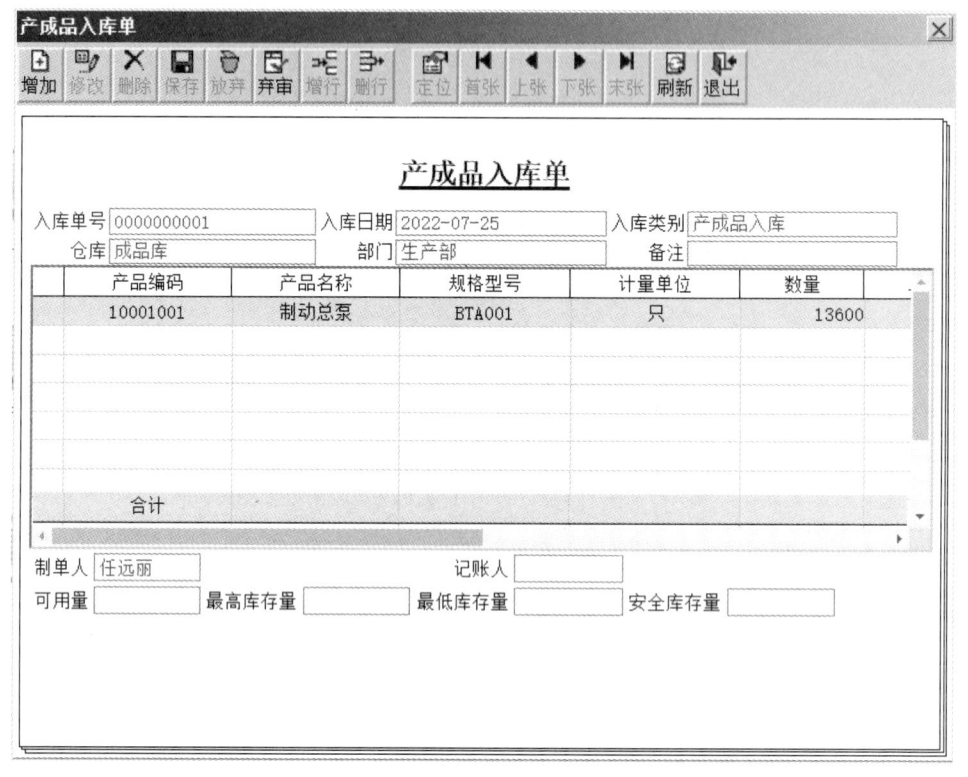

图 3-4-1　填制并审核产成品入库单

4.2　在核算模块进行产成品成本分配

（1）执行"核算—核算—产成品成本分配"命令，进入"产成品成本分配表"窗口。

（2）单击"查询"按钮，再单击"确定"按钮，单击选择相应的产成品入库单行，单击"确定"按钮。

（3）在"10001001 制动总泵"记录行"金额"栏中输入"1260770.9"，如图 3-4-2 所示。

（4）单击"分配"按钮，再单击"确定"按钮，退出。

图 3-4-2　产成品成本分配

4.3　在核算模块对产成品入库单记账

执行"核算—核算—正常单据记账"命令，对销售出库单记账，如图 3-4-3 所示。

图 3-4-3　对销售出库单记账

4.4　在核算模块对产成品入库单制单

执行"核算—凭证—购销单据制单"命令，选择产成品入库单，按注意事项的要求补充贷方科目及金额。补充贷方科目的各项，生成产成品入库单凭证，如图 3-4-4 所示。

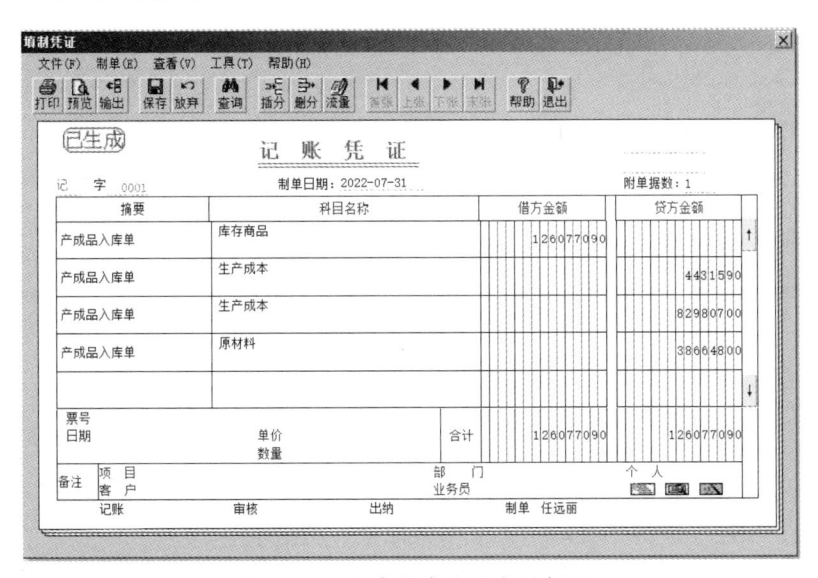

图 3-4-4　生成产成品入库单凭证

任务5　典型库存及存货流程及业务处理

5.1　在库存模块填制并复核材料出库单

（1）执行"库存—材料出库单"命令，进入"材料出库单"窗口。

（2）单击"增加"按钮，输入出库日期"2022-07-15"，选择仓库"配件仓库"、出库类别"材料领用出库"。

（3）选择存货编号为"03001001"，输入数量为"40800"。

（4）继续选择存货编号为"03005002"，输入数量为"68000"。

（5）继续选择存货编号为"04001001"，输入数量为"13600"。

（6）继续选择存货编号为"09001001"，输入数量为"13600"，如图 3-5-1 所示。

（7）单击"保存"按钮，再单击"审核"按钮。

（8）单击"退出"按钮。

图 3-5-1　填制并审核材料出库单

5.2　在核算模块对材料出库单记账

（1）执行"核算—核算—正常单据记账"命令，打开"正常单据记账条件"对话框。

（2）单击"确定"按钮，进入"正常单据记账"窗口。

（3）单击"全选"按钮，如图 3-5-2 所示。

图 3-5-2　正常单据记账

（4）单击"记账"按钮，记账完毕。然后单击"确定"按钮。

工作领域四　企业月末业务处理

任务 1　财务部门月末业务处理

1.1　工资模块月末处理

（1）执行"工资—业务处理—月末处理"命令，打开"月末处理"对话框。

（2）单击"确认"按钮，打开"选择清零项目"对话框。

（3）在"请选择清零项目"列表中，单击选择"事假天数"和"病假天数"单击">"按钮，将所选项目移动到右侧的列表框中，如图 4-1-1 所示。

（4）单击"确认"按钮，弹出系统提示："月末处理成功！"。

（5）单击"确定"按钮返回。

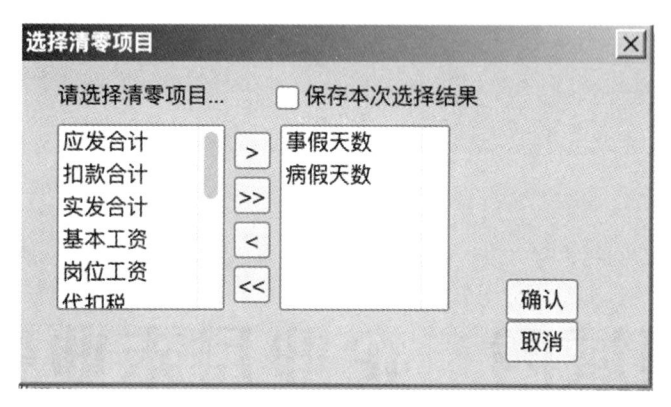

图 4-1-1　选择清零项目

1.2　固定资产模块月末处理

（1）执行"固定资产—处理—月末结账"命令，打开"月末结账"对话框。

（2）单击"开始结账"按钮，再单击"确定"按钮，弹出"提示信息"，内容如图 4-1-2 所示。单击"确定"按钮。

图 4-1-2　固定资产模块月末对账

（3）弹出"月末结账成功完成！"提示信息，如图 4-1-3 所示，单击"确定"按钮。

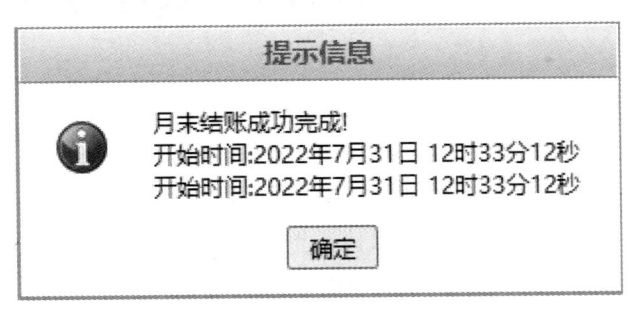

图 4-1-3　固定资产模块月末结账

1.3　总账模块月末处理

1. 期间损益结转设置与生成

将所有损益类科目账户结转到"本年利润"账户中。

2. 审核和记账

在合适的时间对生成的凭证进行审核、记账。

3. 结　账

7 月 31 日，对海达公司账套结账。

任务 2　各业务部门月末业务处理

2.1　采购模块月末处理

（1）执行"采购—月末结账"命令，在选择标记栏中单击选中 7 月。

（2）单击"结账"按钮，提示结账成功，单击"确定"按钮。在 7 月是否结账栏显示"已结账"标记，如图 4-2-1 所示。单击"退出"按钮退出。

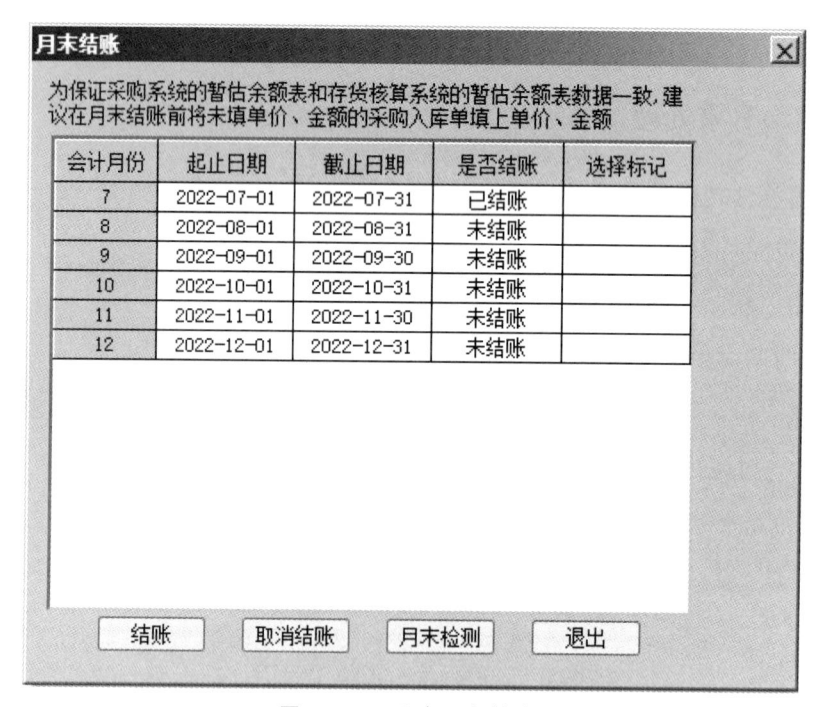

图 4-2-1　采购月末结账

2.2　销售模块月末处理

（1）执行"销售—月末结账"命令，单击选中 7 月份所在行。

（2）单击"结账"按钮，提示成功，在 7 月"是否结账"栏显示"是"标记，如图 4-2-2 所示。单击"退出"按钮退出。

2.3　库存模块月末处理

（1）执行"采购—月末结账"命令，对采购模块 7 月末结账。

（2）执行"销售—月末结账"命令，对销售模块 7 月末结账。

（3）执行"库存—月末结账"命令，单击"结账"按钮，在 7 月"已经结账"栏显示"是"标记，如图 4-2-3 所示。单击"退出"按钮退出。

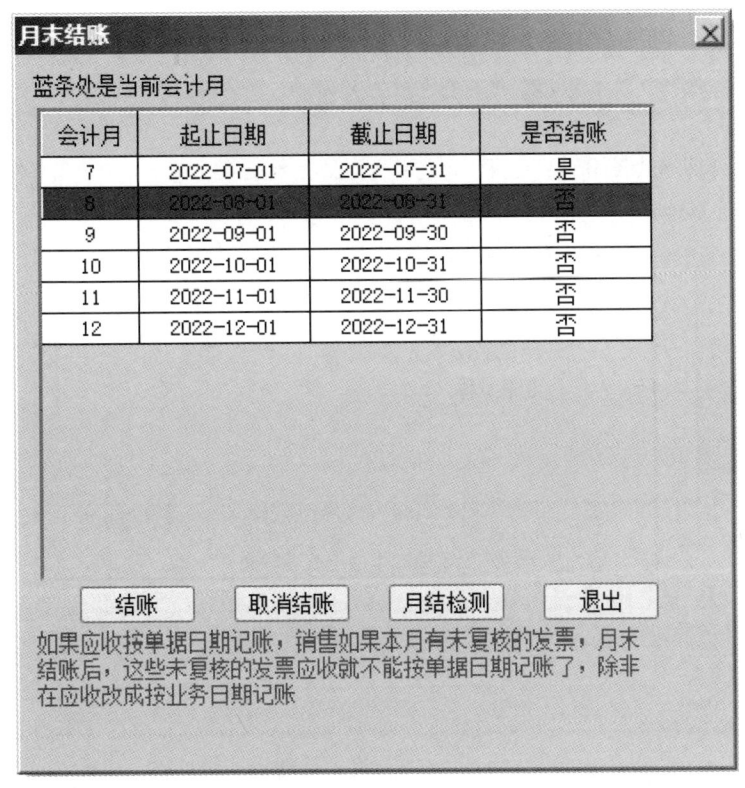

图 4-2-2　销售月末结账

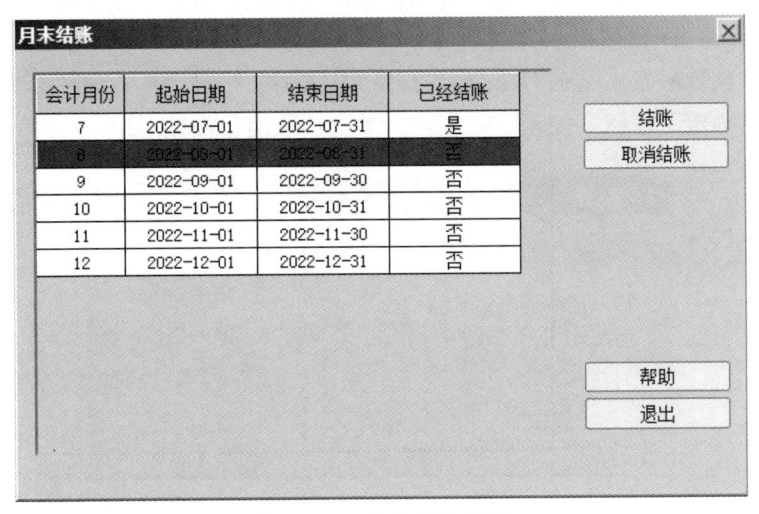

图 4-2-3　库存月末结账

2.4　核算模块月末处理

（1）执行"核算—月末处理"命令，打开"月末处理"对话框，单击"全选"按钮。

（2）单击"确定"按钮，提示是否处理，单击"确定"按钮，提示期末处理完毕，单击"确定"按钮，再单击"取消"按钮退出。

（3）执行"核算—月末结账"命令，打开"月末结账"对话框，如图 4-2-4 所示。

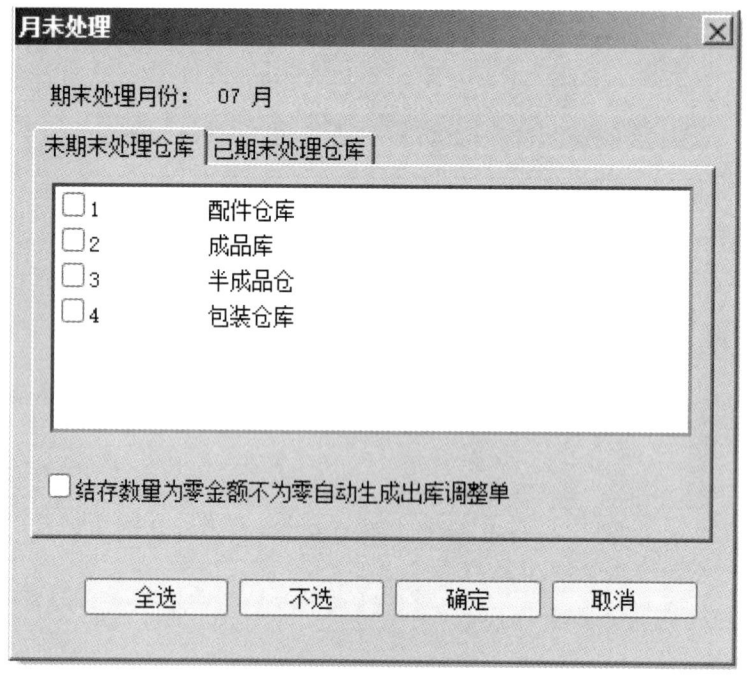

图 4-2-4　月末处理

（4）单击"确定"按钮，提示是否处理，单击"确定"按钮，提示期末处理完毕，单击"确定"按钮，再单击"取消"按钮退出。

（5）执行"核算—月末结账"命令，打开"月末结账"对话框，如图 4-2-5 所示。

（6）单击"确定"按钮，提示结账成功，单击"取消"按钮退出。

图 4-2-5　月末结账

任务3　各部门业务报表

3.1　调用模板编制资产负债表

（1）执行"文件—新建"命令，打开"新建报表"对话框，在"模板分类"列表框中选择"2013小企业会计准则"，在右侧框中选择"资产负债表"，如图4-3-1所示。

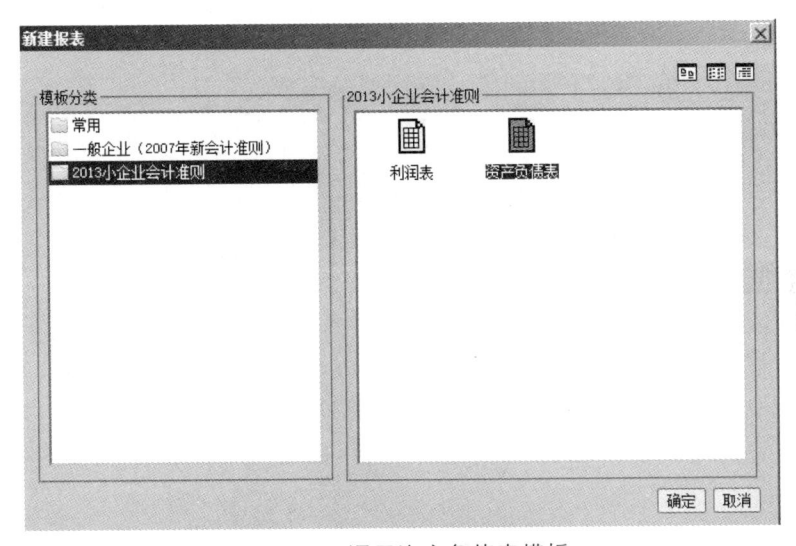

图4-3-1　调用资产负债表模板

（2）单击"确定"按钮，调出资产负债表模板。
（3）单击左下角的"格式"按钮，进入报表数据状态，单击"取消"按钮。
（4）在数据状态下，执行"数据—关键字—录入"命令，打开"录入关键字"对话框。
（5）输入关键字：年"2020"，月"01"，日"31"。
（6）单击"确定"按钮，系统自动根据单元公式计算1月份数据。若数据没有生成，可以执行"数据—表重算"命令，生成报表数据，如图4-3-2所示。

图4-3-2　生成资产负债表

（7）执行"文件—保存"命令，将报表数据以"资产负债表.rep"为文件名保存在指定文件夹中。

3.2 调用模板编制利润表

（1）执行"文件—新建"命令，打开"新建报表"对话框，在"模板分类"列表框中选择"2013小企业会计准则"，在右侧框中选择"利润表"，如图4-3-3所示。

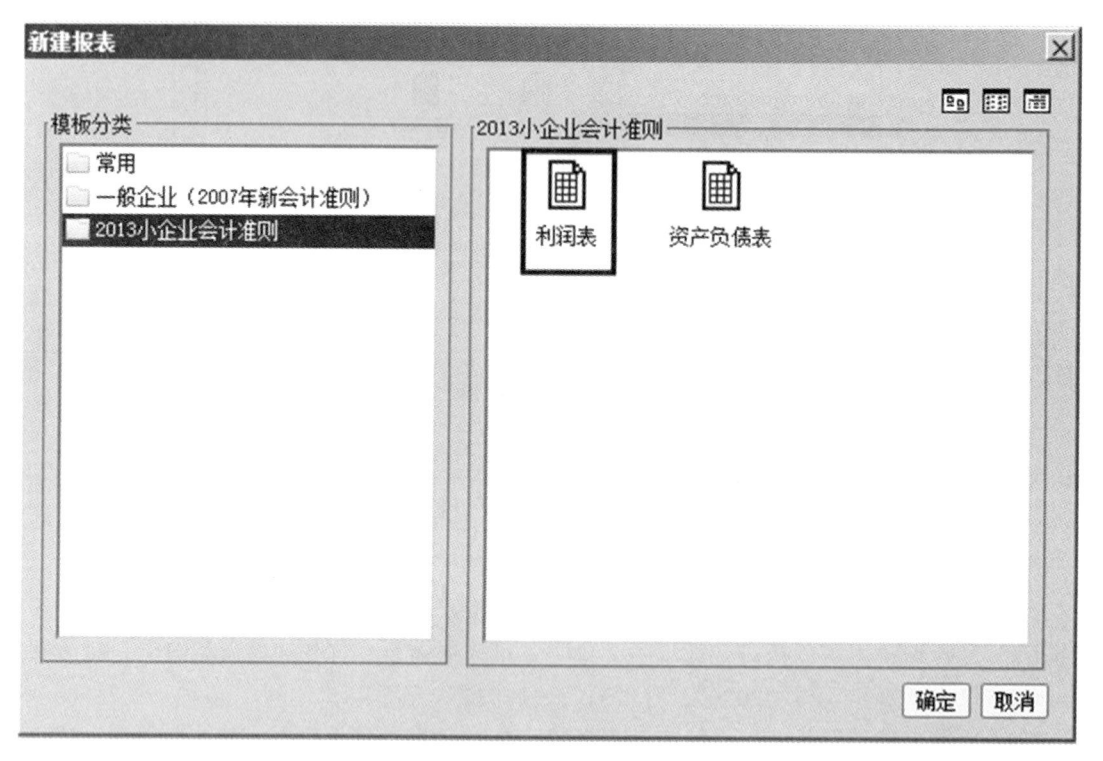

图 4-3-3　调用利润表模板

（2）单击"确定"按钮，调出利润表模板。
（3）单击左下角"格式"按钮，进入报表数据状态，单击"取消"按钮。
（4）在数据状态下，执行"数据—键字—录入"命令，打开"录入关键字"对话框。
（5）输入关键字：年"2020"，月"01"。
（6）单击"确定"按钮，系统自动根据单元公式计算1月份数据。若数据没有生成，可以执行"数据—整表重算"命令，生成报表数据，如图4-3-4所示。
（7）执行"文件—保存"命令，将报表数据以"利润表.rep"为文件名保存在指定文件夹中。

图 4-3-4　生成利润表